민수기를 알면 인생의 승리가 보인다

민수기

서 문

창조와 기원, 약속에 관한 책인 창세기와 구속과 그 과정을 보여주는 출애굽기, 예배와 거룩에 관한 책인 레위기 다음으로 구약의 4번째 책은 '광야의 책'인 민수기입니다. 민수기라는 말은 히브리어 원전의 헬라어 번역본인 70인역을 따라 '셈하는 책'(아리드모이)이라는 뜻을 가지지만 보다 본질적으로 민수기를, 이 영감 받은 책의 본래 제목을 히브리어 원전을 따라 '광야의 책'(베미드바르)이라고 부를 때에 그 깊이를 이해할 수 있게 됩니다.

아름다운 해변에서 바라본 바다의 색조는 시간마다 다릅니다. 같은 바다를 바라봄에도 불구하고 날씨와 햇볕에 따라 시간마다 달라지는 해변의 모습을 우리는 성경에서 바라봅니다. 같은 진리를 바라보지만 다양한 구조와 가치를 보게 하십니다. 그러한 풍성함을 민수기에서 누릴 수 있기를 기원합니다.

모세 오경의 창세기를 알면 약속이 보이고, 출애굽기를 알면 인생의 길이 보이며, 레위기를 알면 예배가 보이며, 신명기를 알면 축복이 보입니다. 이제 민수기를 알면 인생의 승리가 보입니다. 성공적인 인생을 살고자 하는 자는 반드시 이 민수기의 교훈을 들어야 할 것입니다. 우리 앞서 행했던 이스라엘이 광야의 길을 걸음에 있어서 넘어짐을 바라보며 우리는 넘어지지 말아야 할 것입니다. 광야 이스라엘에게 하나님께서 행하셨던 것들을 바라보며 우리는 우리 자신을 연단시켜야 할 것입니다. 군사로 부르심을 받았지만 아직 군사답지 못한 우리들의 모습 속에서 우리들이 갖추어야 할 바를 깨달아야 할 것입니다.

민수기를 열며 다음의 7가지를 조언하고자 합니다.

첫째, 시내산을 출발하기 이전의 과정을 보며 하나님께서 어떻게 우리들을 준비하시는가를 보아야 합니다. 이러한 안목으로 민수기 1-10장을 보아야 할 것입니다.

둘째, 시내산을 떠난 이스라엘이 불평함에 관하여 시내산 이전의 불평과 시내산 이후의 불평에 대한 하나님의 징계가 어떻게 달라지는가를 살펴야 합니다. 시내산 이전에 있었던 이스라엘의 불평과 시내산 이후의 이스라엘의 불평은 크게 달라진 바가 없는 듯합니다. 그러나 그들의 불평을 대하시는 하나님의 방식은 달랐습니다. 마치 어린 아이처럼 시내산 이전에는 무조건 받아주시기만 하셨던 하나님께서는 시내산 이후에는 그들을 징계하셨던 것입니다.

"내 아들아 주의 징계하심을 경히 여기지 말며 그에게 꾸지람을 받을 때에 낙심하지 말라 주께서 그 사랑하는 자를 징계하시고 그가 받아들이시는 아들마다 채찍질하심이라"(히 12:5-6)

셋째, 이스라엘의 불평의 유형을 살펴보아야 합니다. 이스라엘의 세 가지 불평은 그들의 삶과 환경에 대하여, 지도자에 관하여, 하나님의 약속에 대하여 행하였습니다. 이러한 불평이 어떠한 손실을 그들 자신에게 가지고 오는지를 살피며 불평하는 자가 되어서는 안 될 것입니다. 우리는 그들의 불평으로 말미암아 넘어짐과 같이 넘어져서는 안 될 것입니다.

"그들 가운데 어떤 사람들이 원망하다가 멸망시키는 자에게 멸망하였나니 너희는 그들과 같이 원망하지 말라 그들에게 일어난 이런 일은 본보기가 되고 또한 말세를 만난 우리를 깨우치기 위하여 기록되었느니라"(고전 10:10-11)

넷째, 민수기 안에 있는 두 세대를 나누며 각 세대를 통해서 우리들에게 주시는 교훈의 말씀을 정리하여야 할 것입니다.

다섯째, 민수기 안에 있는 평신도의 수준을 제사장적인 신분으로 승화시키시는 말씀들을 보아야 합니다. 민수기 안에 있는 신약적인 가르침을 살펴야 합니다. 나실인에 대한 말씀에서(6장), 11장의 엘닷과 메닷, 새로운 세대를 향한 말씀 가운데 옷단의 술과 청색끈에서(15장), 붉은 암송아지의 잿물의 말씀에서(19장) 우리는 이러한 가르침을 엿볼 수 있습니다.

"그러나 너희는 택하신 족속이요 왕 같은 제사장들이요 거룩한 나라요 그의 소유가 된 백성이니 이는 너희를 어두운 데서 불러 내어 그의 기이한 빛에 들어가게 하신 이의 아름다운 덕을 선포하게 하려 하심이라"(벧전 2:9)

여섯째, 두 번의 인구 조사를 통해서 우리들에게 주시는 교훈의 말씀을 분별하여야 합니다. 이는 면밀히 살필 때에 얻게 되는 깨달음입니다.

일곱째, 27-36장까지 두 번째 인구조사 후에 주신 말씀들을 통해서 광야 세대에게 하나님께서 다시금 이스라엘을 세우시며 기대하시는 바를 들을 수 있어야 할 것입니다.

모든 성경은 참으로 유익합니다. 어떠한 한 성경만이 아닌 모든 성경이 각 역할과 메시지를 줌에 있어서 그 부유함은 이루 말할 수 없습니다. 함께 민수기를 이와 같이 나눌 수 있음이 큰 기쁨이 됩니다.

차 례

민수기의 구조

출애굽 세대(1-14장)											
시내 광야에서(출애굽 2년 2월20일까지)									가데스 바네아		
정체성			정결/거룩		헌신		최종점검: 제2차 오리엔테이션		1/2	3	4/5
첫번째 인구조사	각 지파의 진과 행군의 배치	레위인의 직무와 계수	공동체의 정결	나실인의 서원	지휘관의 봉헌	레위인의 봉헌	광야에서의 유월절	시내 광야를 떠남	백성들의 불평/다베라 기브롯핫다아와	미리암과 아론의 불평/하세롯	가데스 바네아의 반역
1장	2장	3-4장	5장	6장	7장	8장	9장	10장	11장	12장	13-14장

광야 세대(15-36장)																
광야(38년)				가데스1)			모압 평지에서 두 번째 인구조사 이후									
	6/7			8	9	10										
가나안에서 지킬 규례	고라의 반역과 심판	제사장과 레위인의 직무와 분깃	붉은 암송아지와 잿물	가데스의 므리바 물	불뱀과 놋뱀	발락과 발람	두 번째 인구조사	슬로브핫의 딸들	제사에 관한 규례	여자의 서원	미디안 정복	요단 동편 땅의 분배	애굽에서 모압평지까지의 여정	요단 서편 땅의 분배	레위인의 성읍들 / 도피성	여성 상속법
15장	16-17장	18장	19장	20장	21장	22-25장	26장	27장	28-29장	30장	31장	32장	33장	34장	35장	36장

---

1) 장소적으로 구분할 때에 20장은 가데스에서 호르산까지(출애굽 40년1월-5월), 21장은 호르산에서 출발하며 22-36장은 모압 평지를 배경으로 합니다.

민수기

제1부

시내 광야에서
(1-10장10절)

첫 번째 인구조사
1장1~54절

Key Point

민수기는 인구조사로부터 시작합니다. 본격적인 '광야생활'과 '가나안 정복'의 여정을 떠나기 전에 이스라엘 자손의 인구 조사를 행하였습니다. 이는 효율적인 광야 생활에 대한 관리와 군대로서의 이스라엘을 편성하기 위함입니다. 이스라엘은 처음부터 군대로서 부름을 받은 사람들입니다(출 6:26, 7:4, 12:41). 구원은 생명의 구원으로, 하나님의 자녀로 시작하지만 군대로 승리하는 삶을 위하여 부르심을 받은 것입니다.

본문 이해

　왜 민수기인가? 민수기는 우리들의 실제적인 믿음의 삶과 가장 근접합니다. 이미 구원을 받고 말씀의 양육을 받은 자들은 그들의 삶에서 열매 맺는 삶을 요구받습니다. 이스라엘은 애굽으로부터 구원을 받았고 또한 시내산에서 말씀의 양육을 받았습니다. 그들이 시내산을 떠났다는 것은 실제적으로 그들이 믿음으로 어떻게 살았는가하는 삶의 문제를 우리들에게 보여주시는 것입니다. 그들은 과연 승리하였습니까? 그들은 과연 성숙하였습니까? 그들은 과연 열매를 맺었습니까? 아닙니다. 그들은 실패하였습니다. 그들은 원망하였고 계속된 원망과 불평, 불신앙의 결과 약속의 땅 조차 자신들의 세대에서 취하지 못하였습니다.

　이제 우리는 왜 민수기를 읽어야 하고 알아야 합니까? 그들의 실패는 오늘날 우리들의 승리를 견인하여 줍니다. 그들의 실패를 알지 못하는 자는 쉽게 그들의 실패로 나아가게 됩니다. 그러나 그들의 실패를 아는 자들은 실패의 위기 속에서 건짐을 받고 승리된 믿음의 삶을 보장받게 됩니다. 민수기는 모든 믿음의 사람들이 가져야 할 **'오답 노트'**입니다. 민수기의 실패는 말하자면, 성공으로 이끌어주는, 승리자가 반드시 가져야 할 **'오답 노트'**가 되는 것입니다.

"그들 가운데 어떤 사람들이 원망하다가 멸망시키는 자에게 멸망하였나니 너희는 그들과 같이 원망하지 말라 그들에게 일어난 이런 일은 본보기가 되고 또한 말세를 만난 우리를 깨우치기 위하여 기록되었느니라"(고전 10:10-11)

이제 함께 민수기에 관하여 면밀하게 살펴보고자 합니다.

■ 애굽으로부터 모압 평지까지의 시간적 여정

간략한 애굽을 떠남으로부터 모압 평지까지의 시간적인 여정은 다음과 같습니다.

이동 장소 및 사건	날짜	성구
출애굽	출애굽 1월15일	출 12:42, 민 33:3
마라	홍해도하 후 3일	출 15:22
신 광야	출애굽 2월15일(30일)	출 16:1
시내 광야	출애굽 3월1일(45일)	출 19:1
성막 봉헌	출애굽 2년 1월1일	출 40:2, 17
두 번째 유월절	출애굽 2년 1월14일	민 9:1-3, 5
제1차 인구조사	출애굽 2년 2월1일	민 1:1
둘째 유월절	출애굽 2년 2월14일	민 9:11
시내 광야 출발	출애굽 2년 2월20일	민 10:11
가데스로 돌아옴	출애굽 40년 1월	민 20:1
미리암의 죽음	출애굽 40년 1월(?)	민 20:1
아론의 죽음	출애굽 40년 5월1일	민 20:24, 33:38-39
모압 평지에 이름	출애굽 40년 6월1일 이후(?)	민 22:1

유월절 다음 날에 출애굽한 이스라엘은 애굽으로부터 나온 후(민 33:3) 약 45일만에 시내 광야에 이릅니다(출 19:1). 시내 광야에서 11개월20일을 머문 이스라엘은 출애굽 2년 2월20일에 시내 광야를 떠나게 됩니다(민 10:11).

■ 출애굽기와 민수기의 비교

출애굽할 때에 먼저 유월절을 지켰던 이스라엘은 동일하게 시내 광야를 떠날 때에도 유월절을 지킵니다(출 12장, 민 9장). 출애굽기가 출애굽한 이야기로부터 아닌 애굽에서의 이야기로 시작하듯이 민수기 또한 떠남에 관한 말씀이지만 시내 광야를 떠나기 전에 시내 광야에서의 이야기를 먼저 전합니다. 출애굽기는 시내산 이전의 말씀이며 민수기는 시내산 이후의 말씀입니다. 출애굽기는 시내산까지의 여정이라면 민수기는 시내산 이후의 여정입니다. 이러한 구조 속에서 출애굽기와 민수기가 얼마나 닮은꼴인지를 살펴볼 수 있을 것입니다. 민수기는 출애굽기의 연장이며, 닮은꼴이며 또한 다른 모습을 보여줍니다.

■ 민수기의 두 세대

민수기에는 두 세대가 등장합니다[2]. 이들을 중심으로 민수기는 크게

---

2) 민수기를 두 세대를 중심으로 하여서 구조화하는 것은 많은 학자들이 동의하나 그 기준은 달리합니다. 밀그롬과 올슨은 민수기를 출애굽 세대와 광야 세대로 구분하여 민수기를 1-25장과 26-36장으로 구분합니다. J. Milgrom, Number(JPS;Philadelphia/New York:Jewish Publication Society, 1990) pp. 7-8.Dennis T. Olson, 차종순역, 『민수기』(서울: 한국 장로교출판사, 2000), 25-28쪽.

1-14장과 15-36장으로 나눌 수 있습니다[3]. 따라서 이들을 중심으로 민수기는 크게 1-14장과 15-36장으로 나눌 수 있습니다. 1-14장은 출애굽한 세대의 이야기이며 15-36장은 출애굽 세대의 다음 세대인 광야 세대의 이야기입니다. 출애굽 세대의 이야기는 가데스 바네아의 배신과 실패의 이야기로 끝을 맺으며 광야 세대의 이야기는 새로운 시작과 더불어 반복된 배교의 모습도 보이나 하나님의 은혜로 말미암아 출애굽 세대에서 주신 기업에 대한 약속을 이어받습니다.

■ 민수기의 구조적 이해

크게 1-14장과 15-36장으로 나눌 수 있는 민수기를 본서에서는 다음과 같이 제5부로 세분화하였습니다. 제1부는 시내 광야를 떠나기 전인 1장-10장10절의 말씀입니다. 제2부는 시내산을 떠난 이스라엘의 원망과 불평이 절정이 되는 가데스 바네아의 배신으로 말미암아 출애굽 세대가 가나안 진입이 거절되는 10장11절-14장까지의 말씀입니다. 제3부는 이스라엘의 광야 38년 기간이 되는 15-19장입니다. 제4부는 다시 여정이 시작되는 20장으로부터 모압까지의 여정이 담긴 25장까

---

3) 밀그롬이나 올슨의 견해와 달리 광야세대의 시작을 두 번째 인구조사를 하는 26장으로부터 보는 것은 무리가 있습니다. 앞선 싯딤의 바알브올의 음행 사건(25장) 또한 광야 세대의 이야기이며 본 책에서는 출애굽 세대와 광야세대가 오버랩이 되는 15-19장의 15장으로부터 광야세대로 구분합니다. 이는 단순한 오버랩이 아닌 민수기와 전체 오경의 전환점이 되며 15장 이후의 말씀은 이전의 출애굽 세대를 향한 말씀이 아닌 광야 세대를 향한 말씀이기 때문입니다.

지입니다[4]. 제5부는 두 번째 인구조사로부터 시작하여 미디안 정복과 땅의 분배의 말씀이 있는 26-36장까지입니다.

민수기에는 두 번의 인구조사가 있습니다(1장, 26장)[5]. 첫 번째 인구조사를 통해 이스라엘 백성은 군대로서 편성되어 광야 여정의 출발을 준비합니다. 다만 레위인들은 병역 소집에서 면제되는데 이들의 임무는 전투가 아닌 성막 봉사에 있기 때문입니다. 레위인들의 구체적인 임무에 관하여서는 3-4장에서 전합니다.

서문의 7가지 조언 중에 첫 번째 조언은 시내산을 출발하기 이전의 과정을 살펴보는 것이었습니다. 민수기 1-10장까지의 전체적인 단락은 인구조사(1-4장)-정결(5-6장)-봉헌(7-8장)-유월절(9장)-최종 점검(10장)으로 간략하게 이어집니다. 무엇보다도 인구조사에 대한 메시지가 무엇인가를 살펴야 합니다. 이는 단순한 인구조사가 아닌 하나님께서 이스라엘을 그의 군사로 점검하심을 보여주시는 것입니다. 곧 순례의 길을 떠나는 자가 실패하지 않기 위해서는 무엇보다도 먼저 자신을

---

4) 20장에 대한 견해는 20장에 나타난 미리암과 아론의 죽음이 구세대의 결말을 제시한다는 측면에서 19장의 연속으로 보기도 하나 20장의 다시 시작된 시간의 흐름은(민 20:1) 20장이 모압으로의 여정을 시작한다는 의미에서 19장과 구분됩니다. 곧 시간적으로 15-19장은 광야 38년 안에서 다루고 있으며 20장 이후는 출애굽 40년 이후를 전합니다. 민수기 구조에 대한 이해는 다음의 두 책을 참고바랍니다. 정중호, 『민수기 Ⅱ』(서울: 프리칭아카데미, 2008), 12-23쪽. 김진명, 『한국장로교총회창립 100주년기념 표준주석: 민수기』(서울: 한국장로교출판사, 2012), 20-29쪽.

5) 두 번의 인구 조사에 대한 비교는 본 책의 26과 민수기 26장에서 다룹니다.

군사로 여겨야 하는 것입니다. 이스라엘은 군사로서 자기 정체성을 가져야 합니다.

■ 민수기 1장의 구조적 이해

　민 1:1-4: 첫 번째 인구 조사 명령
　민 1:5-16: 부름을 받은 지파의 지휘관들
　민 1:17-46: 계수함을 입은 각 지파의 수와 총계
　민 1:47-54: 레위 지파의 병역 면제와 특수 임무

1. 첫 번째 인구조사 명령의 때와 장소 그리고 그 내용은 무엇입니까? (1-4절)

　때: 출애굽 2년 2월 1일
　장소: 회막
　내용: "너희는 이스라엘 자손의 모든 회중 각 남자의 수를 그들의 종족과 조상의 가문에 따라 그 명수대로 계수할지니 이스라엘 중 이십 세 이상으로 싸움에 나갈 만한 모든 자를 너와 아론은 그 진영별로 계수하되 각 지파의 각 조상의 가문의 우두머리 한 사람씩을 너희와 함께 하게 하라"(민 1:2-4)

　이스라엘은 출애굽 1년 1월 14일에 유월절을 행하고 15일에 애굽을 떠났습니다. 이스라엘은 430년의 애굽 생활을 청산하고 애굽을 떠났는데(출 12:40) 그들이 떠난 밤은 '여호와의 밤'(출애굽 1년 1월 15일,

출 12:42)이 되었습니다. 이후 홍해를 건너 광야에 이른 이스라엘이 수르 광야(마라와 엘림)를 지나 신 광야에 이른 때가 출애굽 1년 2월15일로 약 한 달의 기간이 소모되었습니다(출 16:1). 이후 이스라엘이 르비딤을 거쳐 시내 광야에 이른 것은 출애굽 1년 3월1일로 출애굽한 후약 45일만입니다. 이제 그 곳에 도착하여 모세가 여호와의 산에 올라하나님을 뵙고 삼일을 예비한 후 하나님과 언약을 체결한 사건은 출애굽 50일의 일입니다. 출애굽기의 마지막은 성막 건축에 대한 말씀이며(출 25장-40장), 출애굽 2년 1월1일에 성막이 세워집니다(출 40:17). 이 후 레위기의 말씀에서 우리는 시간의 흐름이 정지된 것과 같은 상황 속에서 교훈을 얻으나 이제 민수기에 이르러 다시 시간이 흐름을 보게 됩니다. 이스라엘은 출애굽기 19장1절에 시내 광야에 이르러 민수기 10장11절에서 시내광야를 떠나기까지 시내 광야에 머무른 것입니다. 하나님께서는 출애굽 2년 2월1일에 시내 광야 회막에서 모세에게 말씀하셨습니다.

우리는 잠시 시간이 멈추는 것과 같은 은혜를 경험하지만 다시 시간의 흐름을 보아야 합니다. 그리고 이 시간의 흐름 속에서 우리의 삶이 얼마나 값지고 귀한지를 깨달아야 할 것입니다. 예수님과 함께 변화산에 올랐던 베드로와 야고보와 요한은 시간이 멈추는 경험을 합니다. 그러나 그들이 산 밑에 내려왔을 때에는 다시 시간이 흐릅니다. 우리는 우리들의 삶 속에서 시간이 멈추는 은혜의 시간들을 경험합니다. 그러나 우리는 시간이 흐르는 삶의 현장 속에서 승리된 삶을 살아야 할 것입니다.

첫 번째 인구 조사에서 계수된 사람들은 20세 이상으로 싸움에 나갈 만한 모든 자들입니다. 우리는 모두 싸움에 나갈 만한 자들로 부르심을 받았습니다. 믿음의 싸움은 어떠한 특별한 사람들만의 특공대를 요구하는 것이 아니라 모든 사람을 군대로 부르신 것입니다.

2. 회중에서 부름을 받은 지파의 지휘관들은 누구입니까?(5-16절)

No	지파	족장
1	르우벤	스데울의 아들 엘리술
2	시므온	수리삿대의 아들 슬루미엘
3	유다	암미나답의 아들 나손
4	잇사갈	수알의 아들 느다넬
5	스불론	헬론의 아들 엘리압
6	에브라임	암미훗의 아들 엘리사마
7	므낫세	브다술의 아들 가말리엘
8	베냐민	기드오니의 아들 아비단
9	단	암미삿대의 아들 아히에셀
10	아셀	오그란의 아들 바기엘
11	갓	드우엘의 아들 엘리아삽
12	납달리	에난의 아들 아히라

3절에서 이스라엘을 군대로 부르심에 관하여 말씀하셨다면 4절, 5-16절에서는 이스라엘 각 지파의 우두머리에 관하여 말씀하십니다.

이스라엘은 자신들이 군대로 부르심을 받았다는 인식과 더불어 군대에
는 리더가 있음을 알아야 합니다. 군대에서 지휘체계는 생명과 같은 것
입니다. 군대를 바로 세우기 위해서는 이처럼 사람 리더를 기도 가운
데 세워야 합니다.

3. 계수함을 입은 각 지파의 수와 총계는 얼마입니까?(17-46절)

No	지파	수
1	르우벤	46500명
2	시므온	59300명
3	갓	45650명
4	유다	74600명
5	잇사갈	54400명
6	스불론	57400명
7	에브라임	40500명
8	므낫세	32200명
9	베냐민	35400명
10	단	62700명
11	아셀	41500명
12	납달리	53400명
총인원		603550명

　　민수기 1장5-16절의 말씀에는 각 지파의 우두머리에 관하여 전하며
20-43절은 각 지파의 지휘관이 된 그들에 의해서 계수된 사람들의 수

에 관하여 전합니다. 4절 이하의 '우두머리'는 44절에서 '지휘관'이 되었습니다. 첫 번째 인구 조사에서 더욱 구체적으로 이 인구조사의 목적이 드러나고 있습니다. 그들은 이십 세 이상으로 '싸움에 나갈 만한 남자'를 그 대상으로 하고 있습니다. 이는 믿음의 삶이 하나의 영적인 싸움이 될 것을 예고하는 것입니다.

민수기 1장과 26장의 인구조사는 하나님 나라를 섬기기 위하여 군대로서 그들을 계수하였으나 사무엘하 24장에서 다윗은 자신의 나라를 위하여 인구조사를 하였습니다. 하나님의 진노와 심판이 뒤따른 다윗의 인구조사와 민수기의 인구조사의 차이를 분별하여야 합니다.

4. 레위 지파에 대한 하나님의 명령을 살펴봅시다(47-54절).

레위인은 이스라엘 자손의 계수 중에 들지 않으며 증거막과 그 모든 기구와 그 모든 부속품을 관리하게 하셨습니다. 그들은 그 장막과 그 모든 기구를 운반하며 거기서 봉사하며 장막 사면에 진을 쳐야 했습니다. 장막을 운반할 때에는 레위인이 그것을 걷고 장막을 세울 때에는 레위인이 그것을 세워야 했으며 외인이 가까이 오면 죽이라 하셨습니다. 이스라엘 자손은 막을 치되 그 군대대로 각각 그 진과 기 곁에 칠 것이나 레위인은 증거막 사면에 진을 쳐서 이스라엘 자손의 회중에게 진노가 임하지 않게 하셨습니다. 곧 레위인은 증거막에 대한 책임을 지켜야 했습니다.

묵상

01　민수기의 인구조사(민 1장, 26장)와 다윗의 인구조사(삼하 24장)를 비교하
　　여 봅시다.

02　군대로 편성되어진 이스라엘 민족이 주는 교훈은 무엇입니까?
　　하나님께 있어 이스라엘 자손은 처음부터 군대였습니다(출 7:4). 이스라엘
　　백성들은 가나안 땅에 들어가기까지 군사가 되어야 했으며 또한 가나안 정
　　복 후에도 군대로서의 사명을 완수하여야 했습니다. 이는 오늘날 교회가 가
　　져야 할 영적인 싸움에 대해 보여주고 있습니다.

03　레위 지파의 분리와 그들의 사역을 통해 가르치시는 바는 무엇입니까?

되새김

광야 여정을 위한 준비 과정은 오늘날 교회가 이 세상이라는 광야 생활을 어떠한
준비 가운데 행하여야 하는가를 확연하게 보여줍니다. 믿음의 삶은 나그네적인
삶이지만 분명히 군대로서 영적 전투의 사명이 있습니다. 또한 '영적질서'와 함
께 회복해야 할 것은 진정한 승리의 원동력인 광야의 척박한 땅 한 가운데 있었
던 회막과 그 가운데 '하나님의 임재'의 회복입니다.

PART

02

각 지파의 진과 행군의 배치
2장1~34절

Key Point

첫 번째 인구 조사에 이어 각 지파의 진과 행군의 배치가 이루어집니다. 각 지파의 진 배치와 행군의 배치는 이스라엘 군대가 하나님 중심의 공동체이며 질서 정연한 공동체이며 이 땅의 순례적 공동체임을 보여줍니다. 각 지파는 자신의 위치와 방향이 있었습니다. 우리들의 삶 또한 이러한 하나님 중심적인 삶 속에 질서를 회복해야 할 것이며 자신의 위치와 방향을 가지며 믿음의 순례적인 삶을 살아야 하는 것입니다.

본문 이해

민수기 1장에서 인구조사를 통해서 병력을 정비하였다면 2장에서는 더욱 구체적으로 이들을 조직화하여 이들의 진과 행군의 배치를 명령합니다. 민수기 1-2장은 인구조사의 과정과 내용을 1장에서는 개괄적으로, 2장에서는 상세하게 구분합니다[6]. 특별히 이러한 조직은 회막을 중심으로 이루어지는데 이는 교회는 헌신된 사람들이 조직과 질서를 이루되 하나님 중심으로 이루어져야 함을 가르칩니다. 회막은 시내산에서, 이스라엘 진 밖에서(출 33:7-11) 이제 마침내 이스라엘의 진영 가운데 임하시게 되었습니다.

■ 민수기 2장의 구조적 이해

민 2:1-31: 각 지파의 진과 행군의 배치

민 2:32-34: 맺음말

1. 하나님께서 모세와 아론에게 명하신 것은 무엇입니까?(1-2절)

이스라엘 자손은 각각 자기의 진영의 군기와 자기의 조상의 가문의 기호 곁에 진을 치되 회막을 향하여 사방으로 치라 하셨습니다.

---

6) 김진명, 『한국장로교초회창립 100주년기념 표준주석: 민수기』, 47쪽.

2. 회막을 중심으로 한 지파 배치와 행군시 진영 배치를 도표로 살펴봅시
다.

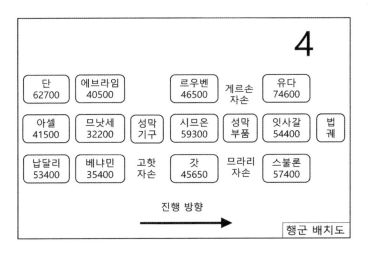

3. 제1대를 살펴봅시다(3-9절).

제1대는 유다 지파와 잇사갈 지파와 스불론 지파로서 성막의 동쪽에 위치합니다. 이들은 유다의 기 아래 모인 자들로 하나님의 영광스럽고 아름다운 자리인 동쪽을 차지하였으며 이는 야곱 예언의 성취이며 예수 그리스도의 탄생으로 완성됩니다.

이들은 제1대로 행진할 때에 가장 먼저 움직였습니다. 르우벤이 야곱의 장자임에도 불구하고 유다 진영에 속한 자들이 가장 먼저 선봉대를 맡았다는 것은 영광스러운 일이 됩니다. 하나님 나라는 혈과 육에 의한 것이 아님을 알고 나중된 자라 할지라도 먼저 되는 자 되기를 사모하여야 할 것입니다. 또한 먼저 된 자들은 자신의 영광을 빼앗기는 자가 되어서는 안 될 것입니다.

4. 제2대를 살펴봅시다(10-16절).

제2대는 르우벤 지파와 시므온 지파와 갓 지파로서 성막의 남쪽에 위치합니다. 이들은 르우벤의 기 아래 모인 자들로서 남쪽은 진행에 있어서는 권능과 영광의 상징인 오른쪽에 위치하는 영예가 있는 곳으로 하나님께서는 야곱의 장자에 대한 배려를 잊지 않으셨습니다.

제1차 인구조사에 비해 이들은 후에 제2차 인구조사에서, 르우벤과 시므온, 갓은 각각 2770명(르우벤), 37100명(시므온), 5150명(갓) 감소하였습니다. 하나님의 영광스러운 일을 맡았음에도 불구하고 하나님의 배려가 있었음에도 불구하고 후에 이들이 보여준 감소세는 이들이 한 그룹을 짓고 있음과 더불어 주목해서 보아야 할 바입니다.

5. 회막의 위치를 살펴봅시다(17절).

제1대와 제2대에 이어 회막을 소개합니다. 회막은 레위인의 진영과 함께 모든 진영의 중앙에 있었습니다. 이는 성도의 모든 믿음과 신앙의 중심이 회막 중심이어야 함을 가르칩니다.

6. 제3대를 살펴봅시다(18-24절).

제3대는 에브라임 지파와 므낫세 지파와 베냐민 지파로서 성막의 서쪽에 위치합니다. 이들은 에브라임의 기 아래 모인 자들입니다.

에브라임과 므낫세는 요셉 지파로 베냐민과 더불어 이는 라헬의 후손임을 알 수 있습니다. 야곱의 축복으로 말미암아 에브라임이 앞서서 모이고 출발하나 후에 에브라임이 아닌 므낫세 지파의 약진을 민수기의 말씀을 통해서 살펴 볼 수 있습니다. 제3대는 믿음의 형제됨과 더불어 선한 경쟁을 잘 보여줍니다.

7. 제4대를 살펴봅시다(25-31절).

제4대는 단 지파와 아셀 지파와 납달리 지파로서 성막의 북쪽에 위치합니다. 이들은 단의 기 아래 모인 자들입니다.

비록 이들은 마지막인 후대로 부르심을 받았지만 이는 대열에서 낙오되는 자들을 챙기며 보호하고 후방의 공격에 경계하는 막중한 임무를 가지게 됩니다. 성도는 자신의 모든 부르심을 귀히 여길 줄 알아야 합니다.

8. 이스라엘의 진영의 배치가 주는 교훈은 무엇입니까?

첫째, 이스라엘의 진영의 배치는 이스라엘의 삶이 하나님 중심, 예배 중심, 신앙 중심이었음을 보여주고 있습니다. 믿음의 삶은 저마다의 독특성과 개별성이 있다고 하더라도 하나님 중심, 예배 중심, 신앙 중심의 삶에서 이탈해서는 안됩니다. 믿음과 신앙이 모든 삶의 판단과 결정의 중심이 되어야 하는 것입니다. 둘째, 이스라엘의 진영의 배치는 질서 정연하게 이루어졌습니다. 하나님의 영적인 군사들은 은혜로 말미암아 질서 없는 오합지졸이 아닙니다. 하나님의 군대는 처음부터 그 질서부터 정연하게 갖추어져 있었던 것입니다. 이는 우리들의 교회가 지향해야 할 모습을 확연하게 보여줍니다.

묵상

01 유다 지파에 대한 축복이 주는 교훈을 나누어 봅시다.

02 이스라엘 지파의 진 배치가 오늘날 교회에게 주는 교훈은 무엇입니까?

03 이스라엘 지파의 행군 배치가 오늘날 교회에게 주는 교훈은 무엇입니까?

되새김

첫 번째 인구조사에 이어 이스라엘 진과 행군 배치는 지파의 우열을 나누고 차별하는 데에 목적이 있는 것이 아닙니다. 믿음의 사람들은 자신들의 분량과 부르심 속에서 자신의 역할을 감당하는 것이며 오직 하나님 중심적인 삶으로 한 몸을 구성하는 것입니다. 이스라엘의 진과 행군 배치를 살피며 교회와 신앙을 중심으로 한 나의 삶의 위치와 섬김과 방향과 비전을 새롭게 하여야 할 것입니다.

PART

03

레위인의
직무와 계수 1
3장1~51절

Key Point

각 지파별 인구조사와 거주 위치, 행군 순서에 이어 성막에서 봉사하게 될 레위인들의 인구조사와 그들의 위치, 직무, 속전에 대한 말씀이 이어집니다. 레위인들의 병역의 의무가 아닌 종교적인 의무는 이스라엘 공동체가 본질적으로 어떠한 공동체인지를 보여줍니다. 특별히 모세, 아론과 그 아들들, 일반 레위인들의 구별된 직임은 하나님의 구별된 부르심을 보여주며 그들의 각각의 기능은 예수 그리스도의 사역을 깊이 있게 보여 줍니다.

본문 이해

레위인은 이스라엘의 모든 장자를 대신한 사람들입니다. 레위인은 곧 이스라엘의 장자와 같으며 이들이 하나님을 섬김은 모든 이스라엘이 하나님을 섬김과 같은 것입니다. 그러므로 레위인들의 섬김과 사역에 전체 이스라엘은 결코 무관심해서는 안되며 이들의 사역과 섬김이 중심이 되어야 합니다. 출애굽하는 이스라엘이 아닌 시내산을 떠나는 순례의 길을 떠나는 이스라엘은 그들 자신의 정체성을 바로 하나님을 섬기는 사역에 두어야 하는 것입니다.

1-2장에서 이스라엘 각 지파에 관한 말씀을 전해 주었다면 3-4장은 레위인과 관련된 말씀입니다. 1-2장과 3-4장은 이스라엘 각 지파와 레위인의 구별된 신분과 사역을 전합니다. 이는 어떠한 특권이나 계급에 관련된 것이 아닌 구별된 사역의 보호와 집중을 위한 것입니다. 3장은 레위인들의 특별한 신분과 그 위치에 관하여 전하며 4장은 이들의 직무에 관한 말씀입니다.

■ 민수기 3장의 구조적 이해

　민 3:1-4: 아론과 모세의 족보

　민 3:5-10: 레위인의 임무

　민 3:11-13: 백성들의 초태생을 대신하는 레위인

민 3:14-39: 레위 지파 계수 명령

민 3:40-43: 이스라엘 장자의 계수

민 3:44-51: 이스라엘 장자의 대속

1. 아론의 아들들에 관하여 살펴봅시다(1-4절).

아론의 아들은 장자 나답과 아비후 엘르아살 이다말이었습니다. 그들은 기름 부음을 받고 거룩하게 구별되어 제사장 직분을 위임받은 제사장들이었습니다. 그러나 나답과 아비후는 시내 광야에서 다른 불을 여호와 앞에 드리다가 여호와 앞에서 죽었고(레 10장) 자식이 없었으며 엘르아살과 이다말이 아버지 아론 앞에서 제사장의 직분을 행하였습니다.

레위 지파에 관하여 말씀하시기 전에 '나답과 아비후 사건'(레 10장)을 상기하심은 이들의 사역이 얼마나 엄중하고 신중해야 하는가에 관하여 알게 하십니다.

2. 나답과 아비후의 죽음은 무엇 때문입니까?(4절)

이에 대한 자세한 구절은 레위기 10장1-20절에서 살펴 볼 수 있습니다. 나답과 아비후는 하나님께서 명하시지 않은 다른 불을 담아 여호와 앞에 분향하여 그 불이 그들을 삼킴으로 죽임을 당하였습니다. 이전의 가인이 하나님 앞에 예배를 드렸지만 하나님께서 받으시지 않으신 것은 그 예배가 하나님께서 원하시는 예배가 아니었기 때문입니다.

곧 피 흘림이 없이는 사함이 없음에도 불구하고 자신의 삶과 정성과 이성과 가치를 따른 예배는 하나님께서 받으시지 않으시는 것입니다. 후에 나답과 아비후의 분향은 하나님의 뜻에 어긋남으로 이와 같은 가인의 예배의 반복이며 그들은 여호와 앞에 제사장으로서 더 엄격한 심판을 받은 것입니다.

3. 하나님께서 레위 지파, 아론과 그 아들들에 관하여 명하신 바는 무엇입니까?(5-10절)

하나님께서는 모세에게 말씀하시되 레위 지파는 나아가 제사장 아론 앞에 서서 그에게 시종하게 하였습니다. 레위 지파는 회막 앞에서 아론의 직무와 온 회중의 직무를 위하여 회막에서 시무하되 회막의 모든 기구를 맡아 지키며 이스라엘 자손의 직무를 위하여 장막에서 시무하게 하였습니다. 곧 레위인은 아론과 그 아들들에게 주신 바 된 지파입니다. 또한 아론과 그 아들들에 관해서는 그들을 세워 제사장 직분을 행하게 하였으며 외인이 가까이하면 죽임을 당할 것이라고 말씀하셨습니다.

4. 레위인은 누구의 것입니까?(11-13절)

비록 레위인을 아론과 그 아들들에게 주시며 그들에게 돌리운 바 되었지만 사실 그들은 하나님의 것입니다. 이는 하나님께서 이스라엘 자손 중에서 레위인을 택하여 이스라엘 자손 중 모든 첫 태에 처음 난 자를 대신케 하셨기 때문입니다. 곧 애굽 땅에서 그 처음 난 자를 다 죽이던 날에 이스라엘의 처음 난 자는 사람이나 짐승을 다 거룩히 구별하셨기 때문입니다.

5. 레위 지파의 계수 명령을 살펴봅시다(14-20절).

하나님께서 시내 광야에서 모세에게 말씀하시기를 레위 자손을 그들의 조상의 가문과 종족을 따라 계수하되 일 개월 이상의 남자를 다 계수하라 하셨습니다.

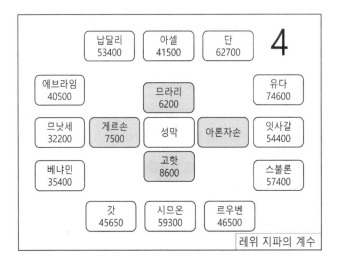

납달리 53400	아셀 41500	단 62700	4
에브라임 40500	므라리 6200		유다 74600
므낫세 32200	게르손 7500	성막	아론자손	잇사갈 54400
베냐민 35400	고핫 8600		스불론 57400
갓 45650	시므온 59300	르우벤 46500	레위 지파의 계수

6. 게르손 자손의 수효와 직무는 무엇입니까?(21-26절)

게르손에게는 립니 종족과 시므이 종족이 났으며 계수된 일 개월 이상 된 남자는 7500명이며 그들은 장막 뒤 곧 서편에 진을 쳤습니다. 라엘의 아들 엘리아삽은 게르손 사람의 종족의 족장이 되었으며 그들의 직무는 성막과 장막과 그 덮개와 회막 휘장 문과 뜰의 휘장과 및 성막과 제단 사방에 있는 뜰의 휘장 문과 그 모든 것에 쓰는 줄들을 맡았습니다.

7. 고핫 자손의 수효와 직무는 무엇입니까?(27-31절)

고핫에게는 아므람 종족과 이스할 종족과 헤브론 종족과 웃시엘 종족이 났으며 계수된 일 개월 이상 된 남자는 8600명이며 그들은 성막 남편에 진을 쳤습니다. 웃시엘의 아들 엘리사반은 고핫 사람의 가족과 종족의 족장이 되었으며 그들의 직무는 증거궤와 상과 등잔대와 제단들과 성소에서 봉사하는 데 쓰는 기구들과 휘장과 그것에 쓰는 모든 것을 맡았습니다.

8. 엘르아살의 특별한 직임은 무엇입니까?(32절)

제사장 아론의 아들 엘르아살은 레위인의 족장들의 어른이 되고 또 성소를 맡은 자를 통할하는 직임을 맡았습니다.

9. 므라리 자손의 수효와 직무는 무엇입니까?(33-37절)

므라리에게는 말리 종족과 무시 종족이 났으며 계수된 일 개월 이상 된 남자는 6200명이며 그들은 장막 북편에 진을 쳤습니다. 아비하일의 아들 수리엘이 므라리 종족과 조상의 가문의 지휘관이 되었으며 그들의 직무는 성막의 널판과 그 띠와 그 기둥과 그 받침과 그 모든 기구와 그것에 쓰는 모든 것이며 뜰 사방 기둥과 그 받침과 그 말뚝과 그 줄들을 맡았습니다.

10. 모세와 아론, 아론의 아들들이 진을 친 곳은 어디입니까?(38절)

　모세와 아론과 아론의 아들들은 장막 앞 동편 곧 회막 앞 해 돋는 편에 진을 치고 이스라엘 자손의 직무를 대신하여 성소의 직무를 지켰으며 외인이 가까이하면 죽였습니다.

11. 레위 지파의 총계는 얼마입니까?(39절)

　계수된 일 개월 이상 된 남자는 총 22000명이었습니다.

12. 이스라엘 장자의 총계는 얼마입니까?(40-43절)

　이스라엘 자손 가운데 장자의 계수된 일 개월 이상 된 남자는 총 22273명이었습니다.

13. 이스라엘 장자의 대속을 살펴봅시다(44-51절).

　이스라엘 자손의 처음 난 자가 레위인보다 273명이 더 많은 즉 속하기 위하여 매명에 5 세겔씩 취하되 성소의 세겔대로 취하였으며(1세겔=20게라) 그 더한 자의 속전을 아론과 그 아들들에게 주었습니다. 총 금액은 1365세겔이었습니다.

묵상

01 나답과 아비후의 죽음으로부터 우리가 배울 것은 무엇입니까?

02 이스라엘 12지파의 직임과 레위 지파의 직임을 비교하여 봅시다.

03 구원의 참된 목적은 어디에 있습니까?

되새김

레위 지파의 배치로부터 다시 한 번 교회의 중심이 무엇인지를 보며 참된 구원의 목적이 하나님을 섬김에 있음을 배웁니다. 나답과 아비후 사건의 반복된 제시는 하나님을 섬김에 있어 인간 중심의 모든 시도들을 경계합니다. 또한 레위 지파의 계수와 속전은 예수 그리스도 구속과 속량을 보여주며 우리는 예수 그리스도로 말미암아 구원을 받게 되며 또한 하나님을 섬기는 삶을 회복한 것입니다.

PART

04

레위인의
직무와 계수 2
4장1~49절

Key Point

이미 3장에서 레위인의 인구조사와 직무를 언급하였음에도 불구하고 또 다른 의미에서
레위인들의 직무와 계수가 이루어지고 있습니다. 곧 3장과 4장의 직무와 계수는 각기 다
른 의미를 가지고 있습니다. 이 두 장을 통해서 우리들은 바른 교회상에 대한 교훈을 얻
을 수 있을 것입니다.

본문 이해

3장에서는 레위인의 신분과 위치에 관한 말씀과 일반적으로 그들이 지킬 성막의 기구에 관한 말씀이었다면 4장은 이들이 회막을 운반할 때에 지켜야 상황과 절차를 상세하게 말씀하십니다. 또한 1-2장에서 이스라엘의 인구조사를 반복하며 상세하게 말씀하셨다면 3-4장에서는 레위인의 인구조사에 관하여 반복하며 상세하게 전합니다.

■ 민수기 4장의 구조적 이해

　　민 4:1-20: 고핫 자손의 직무

　　민 4:21-28: 게르손 자손의 직무

　　민 4:29-33: 므라리 자손의 직무

　　민 4:34-49: 레위인의 계수

1. 제일 먼저 업무가 분담된 자손과 그 이유는 무엇입니까?(1-2절)

레위의 첫째 아들인 게르손보다 고핫 자손의 업무가 먼저 언급된 것은 모세와 아론이 고핫의 계열이었으며 이들로부터 제사장이 나오기 때문이며 이들은 가장 중요한 성물을 맡았습니다.

2. 두 번째로 계수된 레위 자손은 어떠한 원칙에 입각한 것입니까?(3절)

첫 번째 레위인의 계수는 일 개월 이상된 남자의 수효였으나 두 번째 그들의 업무를 행하기 위한 계수는 30세 이상부터 50세 이하의 사람들이었습니다. 이는 첫째, 일반 백성들이 군 입대를 하는 연령이 20세인 것을 감안할 때에 성막에 대한 봉사는 단순히 육체적일 뿐만 아니라 정신적인 성숙을 요구한다는 것을 볼 수 있습니다. 오늘날 하나님의 일은 단순히 힘으로 하는 것이 아닌 온전한 인격과 신앙이 요구된다는 것을 잊어서는 안 되는 것입니다. 둘째, 하나님의 일에는 힘이 필요합니다. 30세로부터 50세는 사회적으로도 가장 활동력이 있으며 또한 영향력을 가질 수 있는 시기입니다. 이 힘은 육체적인 힘일 뿐만 아니라 사회, 경제적인 힘을 의미합니다. 특별히 이들의 나이가 50세로 제한된 것은 유한한 인간이기에 그 기력의 쇠함으로 온전한 봉사를 하기 힘들므로 그 제한을 둔 것입니다. 일반적으로 서원 예물의 값을 20세 이상 60세까지 본 바에 비해서 성막 봉사자들의 나이는 더 성숙되며 더 빠른 제한을 두고 있음을 보게 됩니다(레 27:3, 민 8:25). 셋째, 하나님의 일에는 준비 기간이 필요합니다. 처음 성막을 위한 봉사에는 30세 이상으로 이루어졌지만 민수기 8장24절에서는 25세 이상으로, 더 나아가 역대상 23장24절에서는 20세 이상으로 조정되었습니다. 이는 말씀의 불일치를 의미하는 것이 아닌 하나님의 일을 봉사하기에 적절한 준비 기간을 통해 하나님의 일을 보다 온전히 행하기 위한 것입니다. 오늘날 사관학교가 있고 각종 예비학교가 있는 것과 마찬가지로 하나님의 일은 준비 기간이 필요한 것입니다.

3. 진영이 전진할 때에 아론과 그의 아들들이 성소에 들어가서 행할 일은

무엇입니까?(4-16절)

1) 증거궤에 관하여(5-6절)

진영이 전진할 때에 아론과 그 아들들이 들어가서 첫째로 칸 막는 휘장을 걷어 증거궤를 덮고 그 위를 해달의 가죽으로 덮고 그 위에 순청색 보자기를 덮은 후에(3중적 덮음: 휘장, 해달의 가죽, 순청색 보자기) 그 채를 꿰었습니다. 곧 성소의 기구들을 덮는 것은 아론과 그 아들들이 행하고 고핫 자손들은 오직 메는 일만을 행한 것입니다. 다른 성소의 기구들은 색깔 있는 보자기를 안으로 싸고 바깥을 해달의 가죽으로 하나 법궤는 순청색 보자기를 바깥으로 하여 분명하게 구별하였습니다.

2) 진설병상에 관하여(7-8절)

두 번째로 진설병의 상에 청색 보자기를 펴고 대접들과 숟가락들과 주발들과 붓는 잔들을 그 위에 두고 또 항상 진설하는 떡을 그 위에 두고 홍색 보자기를 그 위에 펴고 그것을 해달의 가죽 덮개로 덮은 후에 그 채를 꿰었습니다.

3) 등잔대와 그 보조기구에 관하여(9-10절)

세 번째로 청색 보자기를 취하여 등잔대와 등잔들과 그 불 집게들과 불똥 그릇들과 그 쓰는 바 모든 기름 그릇을 덮고 등잔대와 그 모든 기구를 해달의 가죽 덮개 안에 넣어 메는 틀 위에 두었습니다.

4) 금제단(향단)에 관하여(11절)

네 번째로 금제단 위에 청색 보자기를 펴고 해달의 가죽 덮개로 덮고 그 채를 꿰었습니다.

5) 성소 안의 기타 기구에 관하여(12절)

다섯 번째로 성소에서 봉사하는 데 쓰는 모든 기구를 취하여 청색 보자기에 싸서 해달의 가죽 덮개로 덮어 메는 틀 위에 두었습니다.

6) 제단과 그 기구들에 관하여(13-14절)

여섯 번째로 제단의 재를 버리고 그 단 위에 자색 보자기를 펴고 봉사하는 데 쓰는 모든 기구 곧 불 옮기는 그릇들과 고기 갈고리들과 부삽들과 대야들과 제단의 모든 기구를 두고 해달의 가죽덮개를 그 위에 덮고 그 채를 꿰었습니다. 다른 성소의 기구와 달리 제단을 자색 보자기로 행함은 예수 그리스도께서 인류의 죄를 대속하기 위하여 십자가에 죽으심으로 인류의 참된 왕으로서의 권위를 가지심을 예표합니다.

4. 고핫 자손들의 업무와 그 금지된 것은 무엇입니까?(15절)

행진 할 때에 아론과 그 아들들이 성소와 성소의 모든 기구 덮기를 필한 후에 고핫 자손이 와서 그것들을 메었습니다. 그러나 성물은 만지지 못하게 되었으며 만지는 날에는 죽음이 선포되었습니다.

5. 제사장 아론의 아들 엘르아살의 맡은 것은 무엇입니까?(16절)

제사장 아론의 아들 엘르아살의 맡을 것은 등유와 태우는 향과 항상 드리는 소제물과 관유이며 또 장막의 전체와 그 중에 있는 모든 것과 성소와 그 모든 기구였습니다. 나답과 아비후의 죽음 이후에 셋째 아들 엘르아살은 레위인들을 총 감독하였습니다.

6. 고핫 자손의 보호 규례를 살펴봅시다(17-20절).
　하나님께서는 모세와 아론에게 말씀하시기를 고핫 족속의 지파를 레위인 중에서 끊어지게 말게 하라 하셨습니다. 그들이 지성물에 접근할 때에 그 생명을 보존하기 위하여 아론과 그 아들들이 들어가서 각 사람에게 그 할 일과 그 멜 것을 지휘하게 하셨습니다. 그들은 잠시라도 들어가서 성소를 보지 말 것은 그들이 죽을까 함이었습니다. 기름 부음을 받지 않은 사람들이 하나님께 나아가는 것은 곧 죽음을 의미하는 것이었습니다. 실제적으로 다윗 시대에 벧세메스 사람들이 함부로 여호와의 궤를 들여다 보다 많은 사람이 죽은 사건이 일어나기도 하였습니다(삼상 6:19).

7. 게르손 자손의 직무는 무엇입니까?(21-28절)
　게르손 자손은 성막의 휘장들과 회막과 그 덮개와 그 위의 해달의 가죽 덮개와 회막 휘장 문을 메며 뜰의 휘장과 성막과 제단 사방에 있는 뜰의 휘장 문과 그 줄들과 그것에 사용하는 모든 기구를 메며 이 모든 것을 이렇게 맡아 처리하였습니다.

8. 게르손 자손의 직문에 대한 감독은 누가하였습니까?(27-28절)
　게르손 자손의 그 모든 일 곧 멜 것과 처리할 것에 아론과 그 아들들의 명대로 할 것이며 그들의 직무는 제사장 아론의 아들 이다말이 감독하였습니다.

9. 므라리 자손의 직무는 무엇입니까?(29-33절)
하나님께서는 모세에게 므라리 자손의 직무에 관하여 다음과 같이 말씀하셨습니다.

"그들이 직무를 따라 회막에서 할 모든 일 곧 그 멜 것이 이러하니 곧 장막의 널판들과 그 띠들과 그 기둥들과 그 받침들과 뜰 둘레의 기둥들과 그 받침들과 그 말뚝들과 그 줄들과 그 모든 기구들과 그것에 쓰는 모든 것이라 너희는 그들이 맡아 멜 모든 기구의 품목을 지정하라"(31-32절)

하였습니다.

10. 므라리 자손의 직문에 대한 감독은 누가하였습니까?(33절)
므라리 자손의 종족들은 이다말의 수하에서 그 모든 직무대로 회막에서 행하였습니다.

11. 30세 이상 50세 이하로 계수된 세 자손의 수와 그 총수를 얼마입니까?
고핫 자손: 2750명, 게르손 자손: 2630명, 므라리 자손: 3200명, 총: 8580명

묵상

01 레위인의 두 가지 직무는 무엇입니까? 이로부터 배울 수 있는 교회의 두 가
    지 양면성을 살펴봅시다.

02 성소의 기구들에 대한 고핫 자손의 경계로부터 말씀이 가르치는 바는 무엇
    입니까?

03 행진 시 행할 레위인의 직무에 대한 나이 제한으로부터 오늘날 교회가 배워
    야 할 바는 무엇입니까?

되새김

3장과 4장의 각각의 레위인의 직무는 정적인 교회의 예배 공동체로서의 모습과
동적인 교회의 선교 공동체로서의 모습을 보여줍니다. 곧 모이는 교회는 파송하
는 교회가 되어야 하며 교회는 예배와 선교라는 양면이 공존해야 하는 것입니다.
또한 3장과 4장의 각각의 레위인의 계수는 예수 그리스도의 대속과 하나님의 일
을 하는 일꾼의 바른 모습에 관하여 보여줍니다. 우리는 그리스도께서 우리들 가
운데 행하신 일들을 잊지 말아야 하며 동시에 우리들이 복음을 위해서 어떻게 준
비하고 행할 것인가를 심사숙고해야 하는 것입니다.

PART

05

공동체의 정결
5장 1~31절

Key Point

5장은 세 단락으로 나누어져 순례의 길을 떠나는 이스라엘 공동체가 하나님 앞에 정결한 공동체가 되어야 할 것을 명시하고 있습니다. 이러한 정결함은 공동체적이며 개인적이며 또한 지속적인 관계적이기도 한 것입니다. 나병, 유출, 부정케 됨, 손해 배상, 의심의 소제 각각의 주제는 일반적인 의미에서 살펴보아서는 안 될 것입니다. 우리는 이에 대한 보다 본연의 의미를 이번 과에서 살펴 볼 수 있을 것입니다.

본문 이해

1-4장에서 행군에 앞서 이스라엘의 군대 소집하고 조직하고 준비하는 일을 행하였다면 5-6장에서는 진영을 거룩케 합니다. 5장은 진영의 거룩함에 관한 말씀이며 6장은 나실인을 통하여 거룩함을 가르칩니다.

1-4장은 인구조사에 관한 말씀입니다. 이러한 인구조사는 단순한 인구조사적인 의미가 아닌 이스라엘이 하나님의 군대요(1-2장), 또한 하나님을 섬기는 자들임을 알게 하셨습니다(3-4장). 하나님의 군대요 하나님을 섬기는 자로 부르심을 받은 자들로 자기 정체성을 가진 자들이 다음으로 행할 것은 바로 정결함입니다. 정결함에는 공동체적인 정결함과 개인적인 정결함이 요구됩니다.

■ 민수기 5장의 구조적 이해
   민 5:1-4: 부정한 사람의 처리
   민 5:5-10: 죄에 대한 배상
   민 5:11-31: 의심의 법

1. 첫 번째 단락으로, 부정한 자의 격리에 관하여 살펴봅시다. 그 이유는 무엇입니까?(1-4절)
   나병 환자와 유출증이 있는 자와 주검으로 부정케 된 자는 다 진 밖으로 내어 보내어야 했으며 그 이유는 진 가운데 하나님께서 거하시기 때문입니다. 이는 교회를 예표하는 이스라엘 공동체가 하나님 앞에 성결과 거룩의 공동체가 되어야 함을 가르치시는 것입니다. 이미 나병 정결의식과 유출병의 정결의식은 레위기 13-15장에서 살핀 바가 있습니다. 나병은 단순히 육체의 질병으로서 여겨지지 않았고 인간의 본성적인 죄에 대한 가르침이며 유출병은 본성적인 타락으로 말미암은 여러 가지 죄악을 의미하는 것이었습니다. 본성적인 죄는 그 죄의 본성으로 말미암아 여러 가지 죄악보다 본질적인 것입니다. 그러나 본성적인 죄에 비해 유출된 죄는 전염성이 강하므로 심각하게 다룰 수 있습니다. 함께 말씀하신 주검으로 부정케 된 자에 대한 언급은 바로 이러한 연속상에서 죄의 결과를 살필 수 있는 것입니다. 따라서 본 말씀을 단순한 세 그룹으로서 나병과 유출증, 부정케 된 자임을 살필 것이 아니라 죄로 말미암은 부패와 이에 대한 거룩의 가르침을 보아야 할 것입니다.

2. 두 번째 단락으로, 손해 배상법에 관하여 살펴봅시다. 이 단락이 주는 교훈은 무엇입니까?(5-10절)

첫 단락에서 공동체의 성결을 위해서 공동체적인 차원에서 성결키 위한 방법을 제시하였다면 이제 두 번째 단락에서는 보다 개인적인 차원에서 성결과 거룩에 관한 말씀을 가르치시고 있습니다. 죄는 묵과될 수 없었으며 죄에는 반드시 배상이 이루어졌습니다. 죄에 대한 배상은 오분의 일을 더한 값(원금과 20%의 추가 배상)으로 이루어졌으며 피해 당사자로서 그의 친족까지 없을 경우에는 제사장에게 드려 어떠한 방법으로든 배상하게 하였습니다. 이 땅의 죄는 어떠한 방법으로든 배상되어야 하는 것이며 그 책임은 사라지지 않는 것입니다. 본 말씀 또한 레위기 6장1-7절에서 보다 상세하게 살펴 볼 수 있는 말씀입니다. 이전의 단락이 속죄제와 관련이 있는 말씀이라면 본 단락은 속건제와 관련되어질 수 있는 말씀입니다. 죄에는 속죄와 함께 그에 대한 배상인 보상이 있어야 합니다. 죄에는 공동체적인 성격과 개인적인 성격이 있습니다. 죄에는 하나님께 향한 차원(민 5:1-4, 레 5:14-19)과 인간을 향한 차원(민 5:5-10, 레 6:1-7)이 있습니다.

3. 세 번째 단락으로, 의심의 소제에 관하여 살펴봅시다(11-31절).

첫 단락과 둘째 단락에 비해 상대적으로 길고 상세한 세 번째 단락은 비단 앞의 두 단락과의 관계에서 비추어 볼 때 뿐만 아니라 그 양적으로 상대적으로 긴 본문입니다. 이러한 긴 말씀을 전해 주심은 단순히 이 말씀을 남성과 여성 사이에는 있는 의심에 관한 성결법의 한 부분으로 여길 수는 없는 것입니다. 더욱이 말씀이 의심의 소제에 대한 가르침임에도 불구하고 남성 중심적인 서술은 차별적이기까지 합니다. 따라서 본문의 핵심적인 가르침은 표면적인 성결법에 대한 가르침이 아니라 순례의 길을 떠나야 하는 그 시점에 있는 이스라엘 공동체, 보다 본질적으로 이 땅의 교회와 하나님과의 관계 속에서 살필 수 있는 말씀입니다. 하나님은 질투의 하나님으로서의 그의 몸된 교회를 날마다 저울질 하십니다. 시련과 고통은 이스라엘의 믿음의 거짓을 드러내기도 할 것이며 때로는 그들의 믿음을 빛나게 할 것입니다.

1) 의심의 소제의 두 경우는 무엇입니까?(14절)

첫째, 아내가 탈선하여 남편에게 신의를 저버리고 그 더러워짐을 인하여 남편이 의심이 생겨서 그 아내를 의심하는 경우며 둘째, 아내가 더럽히지 아니하였어도 그 남편이 의심이 생겨서 그 아내를 의심하는 경우입니다.

2) 의심의 소제에 제하여야 할 것은 무엇입니까?(15절)

의심의 소제에는 기름과 유향이 없습니다. 의심의 소제는 다른 소제와는 달리 죄의 유무를 가리기 위한 것으로 죄의 부정을 제하는 기름을 부을 수 없고 또한 기도를 예표하는 유향 없이 행하여집니다.

3) 토기에 거룩한 물을 담고 성막 바닥의 티끌을 물에 넣은 이유는 무엇입니까?(17절)

성소에 들어가기 전에 제사장은 성소의 티끌로부터, 곧 죄악으로부터 성결함을 입기 위해서 물두멍에서 씻었습니다. 그러나 이제 이러한 행위는 역으로 성결케 하는 토기의 거룩한 물에 성막 바닥의 티끌을 넣어 죽음과 심판을 만드는 것입니다.

4) 제사장의 저주의 말은 무엇입니까?(18-22절)

제사장은 여인을 여호와 앞에 세우고 그의 머리를 풀게 하고 기억나게 하는 소제물 곧 의심의 소제물을 그의 두 손에 두고 제사장은 저주가 되게 할 쓴 물을 자기 손에 들고 여인에게 저주의 맹세를 하게 하였습니다. 곧 여인에게 맹세시켜 그에게 이르기를 네가 네 남편을 두고 탈선하여 다른 남자와 동침하여 더럽힌 일이 없으면 저주가 되게 하는 이 쓴 물의 해독을 면하리라 그러나 네가 네 남편을 두고 탈선하여 몸을 더럽혀서 네 남편 아닌 사람과 동침하였으면 여호와께서 네 넓적다리가 마르고 네 배가 부어서 네가 네 백성 중에 저줏거리, 맹셋거리가 되게 하실지라 이 저주가 되게 하는 이 물이 네 창자에 들어가서 네 배를 붓게 하고 네 넓적다리로 마르게 하리라 하면 여인은 아멘 아멘 하게 하였습니다.

5) 제사장이 저주의 말을 두루마리에 써서 그 글자를 그 쓴 물에 빨아 넣는 이유는 무엇입니까?(23절)

이는 하나의 상징적인 행위로 두루마리의 저주의 말씀이 쓴 물에 옮겨지는 것입니다.

6) 의심의 소제에서 축복받는 여인에게 이루어지는 것은 무엇입니까?(28절)

만일 여인이 탈선한 일이 없고 축복을 받을 경우에는 여인이 잉태가 되었습니다. 여인이 잉태를 한다는 것은 남편과의 관계가 회복되었음을 의미할 뿐만 아니라 하나님께서 그녀를 기억하시고 또한 축복하신다는 의미를 가지는 것입니다.

묵상

01   하나님께서 원하시는 믿음의 공동체는 어떠한 공동체입니까?

02   죄에 대한 공동체적인 태도와 개인적인 태도에 관하여 말씀의 가르침을 상
     고하여 봅시다.

03   고난에 대한 믿음의 사람의 태도는 무엇입니까?

되새김

레위기 말씀에 대한 부분적인 반복을 포함하는 본 말씀은 단순한 말씀의 반복
이 아닌 순례적 공동체로서 교회가 하나님 앞에 어떻게 서야 하는지를 잘 보여
주는 말씀입니다. 그것은 공동체적이며 개인적이기도 하며 또한 하나님과의 지
속적인 관계 속에 있는 것입니다. 하나님께서는 끊임없이 우리들을 살피며 때
로는 우리들을 죄악을 드러내시기도 하시며 때로는 우리들의 믿음을 밝히시기
도 하는 것입니다.

나실인의 서원
6장 1~27절

Key Point

교회 공동체의 내적인 성결에 대한 가르침으로 주어졌던 5장의 말씀에 이어 6장은 교회가 하나님 앞에 가져야 할 성별된 헌신됨에 관하여 나실인의 서원을 통해서 보여줍니다.

5장의 진영의 거룩함에 이어 6장에서는 개인의 거룩인 '나실인 규정'
에 관한 말씀입니다. 1-4장에서는 진영의 중심이 되는 회막에서 섬기
는 레위인에 관한 말씀이 있다면 5-6장의 나실인의 규정은 일반 백성
의 거룩함에 관한 말씀입니다.

이스라엘 공동체의 계수	레위인 계수	이스라엘 공동체의 정결함	나실인의 정결
1-2장	3-4장	5장	6장
공동체에 관하여	레위인에 관하여	공동체에 관하여	나실인에 관하여

계속해서 놓지 말아야 할 것은 1-10장의 말씀은 순례의 길을 떠나
는 이스라엘을 하나님께서 어떻게 준비시키시는가 하는 것입니다. 그
들은 하나님의 군대(1-2장)이며 하나님을 섬기는 자들이며(3-4장) 이
제 거룩한 나라, 거룩한 공동체가 되어야 하며(5장), 그러한 공동체 가
운데 섬기는 자들은 더욱 더 거룩한 구별됨이 필요합니다(6장). 하나님
을 섬기는 자들에게는 더욱 더 깊은 정결함이 요구되는 것입니다. 이러
한 정결함이 무엇인지 바로 나실인의 서원과 의무를 통하여 엿볼 수
있습니다.

■ 민수기 6장의 구조적 이해

　　민 6:1-21: 나실인 서원

　　민 6:22-27: 제사장 아론의 축복

1. 나실인의 서원과 의무는 무엇입니까?(1-8절)

　남자나 여자가 특별한 서원 곧 나실인의 서원을 하고 자기 몸을 구별하여 여호와께 드리거든 다음과 같은 의무를 행하여야 했습니다. 첫째, 포도주와 독주를 멀리하며 포도주로 된 초나 독주로 된 초를 마시지 말며 포도즙도 마시지 말며 생포도나 건포도도 먹지 말아야 했습니다. 곧 자기 몸을 구별하는 모든 날 동안에는 포도나무 소산은 씨나 껍질이라도 먹지 말아야 했습니다. 둘째, 그 서원을 하고 구별하는 모든 날 동안은 삭도를 도무지 그 머리에 대지 않았습니다. 셋째, 자기 몸을 구별하여 여호와께 드리는 모든 날 동안은 시체를 가까이 하지 말아야 했습니다. 그의 부모 형제 자매가 죽은 때에라도 그로 말미암아 몸을 더럽히지 말아야 했습니다.

나실인의 세 가지 준수 의무
① 포도주와 독주를 멀리함
② 삭도를 머리에 대지 않음
③ 시체를 가까이 하지 않음

　나실인의 세 가지 준수는 다음과 같은 세 가지 메시지를 갖습니다. 첫째, 포도주와 독주를 금함은 나실인은 자신의 육성으로 말미암아 살

아서는 안됨을 가르칩니다. 믿음과 신앙은 자기 부인을 요구하며 육성이 아닌 성령의 인도함을 받을 것을 가르칩니다. 둘째, 삭도를 머리에 대지 않음은 하나님께 향한 주권을 인정하는 것입니다. 이스라엘이 초태생을 하나님께 드렸듯이 첫 것을 하나님께 드림은 모든 주권에 대한 고백이 있는 것입니다. 셋째, 시체를 가까이 하지 않음은 죄를 멀리하는 것입니다. 은혜에 대한 고백을 가진 사람들은 누룩을 제하듯 자신의 죄에 대한 고백과 회개가 있어야 합니다. 무교절 절기에 누룩을 제하였듯이 나실인은 시체를 가까이 하지 않음으로 거룩한 삶에 관하여 교훈합니다[7].

1) 나실인의 자격에 남자와 여자에게 구분 없이 주어진 이유는 무엇입니까?(2절)

표면적으로 나실인의 자격이 여성에게도 주어진 것은 하나님 앞에 어떠한 성차별이 없음을 보여주나 그러나 본질적으로 남자와 여자는 교회를 예표함으로 이 나실인의 자격과 서원 의무를 통해서 이스라엘로 예표된 교회가 이 땅에서 행할 바를 가르치는 것입니다.

2) 나실인의 표가 머리에 있는 이유는 무엇입니까?(7절)

머리는 몸을 대표하며 한 인격을 대표하는 것으로 온전한 성별과 봉헌의 외적인 상징도 이 머리에서 이루어집니다. 따라서 나실인은 머리

---

7) 이에 대한 자세한 오리엔테이션은 본 시리즈의『출애굽기』13과 13장을 참고 바랍니다.

털을 깎지 않으며 자신의 머리를 구별하며 제 칠일 몸을 정결케 하는 날에는 머리를 밀며 제 팔일에는 머리를 성결케 하는 것입니다.

2. 시체에 접촉한 나실인의 정결법에 관하여 살펴봅시다(9-12절).

누가 갑자기 그 곁에서 죽어서 스스로 구별한 자의 머리를 더럽힐 때 그 몸을 정결케 하는 날인 제 칠일에 머리를 밀며 제 팔일에 산비둘기 두 마리나 집비둘기 새끼 두 마리를 가지고 회막문에 와서 제사장에게 주었습니다. 제사장은 그 하나를 속죄 제물로, 하나는 번제물로 드려서 그의 시체로 말미암아 얻은 죄를 속하고 또 그는 그날에 그의 머리를 성결케 하였습니다. 자기 몸을 구별하여 여호와께 드릴 날을 새로 정하고 일년 된 수양을 가져다가 속건제로 드렸습니다. 자기의 몸을 더럽혔은 즉 지나간 기간은 무효입니다.

1) 몸을 정결케 하는 제 칠일과 제 팔일이 의미하는 바는 무엇입니까?(9-10절)

7은 완전수로서 일차적으로 참회와 통회의 온전한 기간을 의미하며 또한 자신의 부정을 온전히 인정하는 기간이 됩니다. 다음으로 성경에서 8은 부활과 회복의 수로서 예수 그리스도의 부활을 의미하며 죄로 인해 죽었던 우리가 예수의 구속의 은혜로 말미암아 새롭게 태어나는 회복과 중생을 예표하는 것입니다.

2) 속건제가 교훈하는 바는 무엇입니까?(12절)

나실인의 정결법에 속건제가 있다는 사실은 속건제가 이웃과 하나님에 대한 손해를 끼쳤을 때에 드려지는 것을 감안할 때에 나실인으로 부정케 된 것은 곧 이웃과 하나님 자신에게 향한 책임 있는 존재라는 것을 가르칩니다. 이스라엘의 헌신은 곧 교회의 헌신이며 이는 오늘날 교회의 성결됨과 헌신에 귀한 가르침을 주는 말씀인 것입니다.

3. 나실인의 서원 기간 종료시의 의식을 살펴봅시다(13-21절).

나실인이 자기 몸을 구별하는 날이 차면 그 사람을 회막문으로 데리고 갔습니다. 그는 하나님께 예물을 드리되 번제물로 일년 된 흠 없는 숫양 한 마리와 속죄 제물로 일 년 된 흠 없는 어린 암양 한 마리와 화목 제물로 흠 없는 숫양 한 마리와 무교병 한 광주리와 고운 가루에 기름 섞은 과자들과 기름 바른 무교전병들과 그 소제물과 전제물을 드렸습니다. 제사장은 그것을 하나님 앞에 가져다가 속죄제와 번제를 드리고 화목제물로 숫양에 무교병 한 광주리를 아울러 하나님께 드리고 그 소제와 전제를 드렸습니다. 자기 몸을 구별한 나실인은 회막문에서 그 머리털을 밀고 그것을 화목 제물 밑에 있는 불에 두었으며 자기 몸을 구별한 나실인이 그 머리털을 민 후에 제사장이 삶은 숫양의 어깨와 광주리 가운데 무교병 하나와 무교전병 하나를 취하여 나실인의 두 손에 두고 하나님 앞에 요제로 흔들 것이며 그것과 흔든 가슴과 받들어올린 넓적다리는 성물이라 다 제사장에게 돌렸습니다. 그 후에는 나실인이 포도주를 마실 수 있었습니다.

나실인으로서의 기간을 끝낸 후에 드렸던 제사는 속죄제와 번제와 화목제와 소제였습니다. 번제는 하나님께 향한 것이며 속죄제는 자신의 죄를 속죄함을 받기 위한 것입니다. 아무리 나실인의 기간이라 할지라도 연약한 인간은 자신의 죄로 인해서 하나님을 향해서 번제를 드리며 죄를 사함받기 위한 속죄제를 드려야 했던 것입니다. 나실인에게 요구되는 속죄제는 참으로 깊은 의미를 가지고 있습니다. 이 속죄제로 인간의 연약성과 자신의 행위에 대한 무가치성을 고백하게 되는 것입니다. 번제보다 속죄제가 먼저 드려졌다는 것은 의미가 있는 것이라 하겠습니다. 화목제는 서원의 기간에 하나님께서 함께 하심을 고백하며 감사하는 것이며 또한 지속적인 화목을 기원하기도 하는 것입니다. 화목제와 함께 드렸던 소제 역시 헌신과 봉사의 삶에 대한 감사가 담겨져 있습니다.

4. 이스라엘을 향한 제사장 축복을 살펴봅시다(22-27절).
아론과 그 아들들은 이스라엘 자손을 위하여 이렇게 축복하였습니다.

"여호와는 네게 복을 주시고 너를 지키시기를 원하며 여호와는 그의 얼굴을 네게 비추사 은혜 베푸시기를 원하며 여호와는 그 얼굴을 네게로 향하여 드사 평강 주시기를 원하노라"(24-26절)

하나님께서 제사장을 통해 주신 축복의 메시지는 세 가지입니다. 복과 은혜와 평강입니다.

축복을 받는 모든 이들은 또한 다음의 말씀을 또한 기억하여야 할 것입니다.

"그들은 이같이 내 이름으로 이스라엘 자손에게 축복할지니 내가 그들에게 복을 주리라"(27절)

묵상

01 나실인은 누구를 예표하는 것입니까?

02 나실인이 금하였던 각각의 것들이 의미하는 바는 무엇입니까?

03 나실인의 서원과 이스라엘의 축복을 연관해서 생각하여 봅시다.

되새김

일반 백성이면서도 제사장의 사역에 동참하였던 나실인 제도에 관한 교훈은 보다 신약적인 의미를 가집니다. 신약의 모든 성도들은 다 왕같은 제사장으로 나실인으로서의 삶을 살아야 함을 가르칩니다. 구약의 특별한 제도였던 나실인의 제도는 신약에 있어서는 일반적인 제도가 된 것입니다.

PART

07

지휘관의 봉헌
7장1~89절

Key Point

6장의 나실인으로 대표되어지는 이스라엘의 헌신과 사명 그 축복에 대한 말씀에서 이제 7장에서는 이스라엘 각 지파의 지휘관들의 봉헌함을 다룹니다. 이는 한 지파의 지휘관들의 책임과 그 모범됨을 보여주며 또한 각 지휘관들이 드리는 동일한 헌물을 통해 각 지파의 헌신과 예배가 동일하게 하나님 앞에 상달되어짐을 배우게 됩니다.

본문 이해

1-4장은 행군을 위하여 소집과 조직과 배치에 대한 말씀이며, 5-6장은 이스라엘의 진영과 개인의 정결에 대한 말씀이었습니다. 그리고 이러한 정결함에는 제사장 아론의 축복이 있게 됩니다. 이제 이러한 축복에 대한 응답이 이어집니다. 7장에서는 지휘관들이 예물을 봉헌합니다.

시간적으로 민수기 7장1절의

"모세가 장막 세우기를 끝내고 그것에 기름을 발라 거룩히 구별하고 또 그 모든 기구와 제단과 그 모든 기물에 기름을 발라 거룩히 구별한 날"

은 출애굽기 40장2절과 17절의 말씀에 의해 출애굽 2년 1월1일임을 알 수 있습니다. 그러므로 민수기 1장의 인구 조사가 출애굽 2년 2월1일에 이루어졌을 감안할 때에 7장의 말씀은 시간적으로 1장에 앞섭니다. 이처럼 시간의 차이에도 불구하고 7장의 말씀을 이후에 기록함은 단순한 시간의 배열이 아닌 공동체를 세워 나아감을 위한 교훈적인 의도적 배열임을 알 수 있습니다. 곧 이스라엘은 군사로 계수되었고(1-4장), 정결하게 되었으며(5-6장), 하나님의 축복(6장, 아론의 축도) 가운

65

데 봉헌하였습니다(7-8장). 내적으로 정결하게 된 공동체는 이제 헌신되어야 합니다. 이러한 헌신됨에는 지도자된 자들이 먼저 모범을 보여야 할 것입니다.

■ 민수기 7장의 구조적 이해

민 7:1-9: 지휘관들이 바친 수레와 소
민 7:10-89: 각 지휘관들의 봉헌 예물

1. 성막 봉헌을 위한 예물을 드린 날은 언제입니까?(1절)

모세가 장막 세우기를 끝내고 그것에 기름을 발라 거룩히 구별하고 또 그 모든 기구와 단과 그 모든 기구에 기름을 발라 거룩히 구별한 날입니다. 그 정확한 시기는 출애굽 2년 1월1일이며 또한 레위기 8장10절과 연결됩니다[8].

"모세가 관유를 가져다가 성막과 그 안에 있는 모든 것에 발라 거룩하게 하고 또 제단에 일곱 번 뿌리고 또 그 제단과 그 모든 기구와 물두멍과 그 받침에 발라 거룩하게 하고 또 관유를 아론의 머리에 붓고 그에게 발라 거룩하게 하고 모세가 또 다른의 아들들을 데려다가 그들에게 속옷을 입히고 띠를 띠우며 관을 씌웠으니 여호와께서 모세에게 명령하신 것과 같았더라"(레 8:10-13)

---

8) 이 외에도 성막완공과 성막봉헌 사이의 일정한 시간이 있었다는 견해도 있습니다.

2. 성막 봉헌을 위한 예물을 드린 자들은 누구입니까?(2절)

이스라엘의 지휘관들 곧 그들의 조상의 가문의 우두머리들이요 그 지파의 지휘관으로서 그 계수함을 받은 자의 감독된 자들이 헌물을 드렸습니다(민 1:4-16).

3. 지휘관들의 헌물은 무엇입니까?(3절)

덮개 있는 수레 여섯 대와 소 열두 마리로, 족장 둘에 수레가 하나씩, 족장 한 사람에 소 한 마리씩 장막 앞에 드렸습니다.

4. 족장들이 봉헌한 예물은 어떻게 배분되었습니까?(4-9절)

봉헌된 예물들은 레위인들에게 주어졌습니다. 곧 게르손 자손들에게는 그 직임대로 수레 둘과 소 넷을 주었고 므라리 자손들에게는 그 직임대로 수레 넷과 소 여덟을 주고 제사장 아론의 아들 이다말로 감독케 하였으나 고핫 자손에게는 주지 않았습니다.

5. 레위인들에게 배분된 예물이 차등이 있었던 이유는 무엇입니까?(4-9절)

각각의 자손들에게는 그들의 직임을 따라 배분되었습니다. 즉 상대적으로 무거운 것을 운반해야 했던 므라리 자손들에게는 상대적으로 덜 무거운 장 부분을 운반했던 게르손 자손들보다 더 많은 예물들을 주었고 고핫 자손들은 그들의 운반을 수레가 아닌 그들의 어깨로 메야 했기에 그들에게는 아무런 예물도 주지 않았습니다. 이것은 차등이 아니라 각각의 직임에 맞게 주어진 것이며 특별히 고핫 자손들에게는 아무 것도 주지 않았음에도 불구하고 그들의 직임이 가장 중요한 것을 감안할 때에 이 모든 것은 어떠한 차등의 이유가 되지 못한다는 것을 알 수 있습니다.

6. 제단에 기름을 바르던 날에 지휘관들이 제단의 봉헌을 위하여 동일하게 드린 예물은 무엇입니까?(10-83절)

성소의 세겔로 130세겔 무게의 은반 하나, 70세겔 무게의 은 바리 하나입니다. 이 두 그릇에는 소제물로 기름 섞은 고운 가루를 채웠습니다. 또 10세겔 무게의 금 그릇 하나로 그것에는 향을 채웠습니다.

번제물로 수송아지 한 마리와 숫양 한 마리와 일 년 된 어린 숫양 한 마리며, 속죄 제물로 숫염소 한 마리, 화목 제물로 소 두 마리와 숫양 다섯 마리와 숫염소 다섯 마리와 일 년 된 어린 숫양 다섯 마리입니다.

7. 족장들이 단에 봉헌을 드린 순서를 살펴봅시다.

제1일: 유다 지파 나손
제2일: 잇사갈 지파 느다엘
제3일: 스불론 지파 엘리압
제4일: 르우벤 지파 엘리술
제5일: 시므온 지파 슬루미엘

제6일: 갓 지파 엘리아삽

제7일: 에브라임 지파 엘리사마

제8일: 므낫세 지파 가말리엘

제9일: 베냐민 지파 아비단

제10일: 단 지파 아히에셀

제11일: 아셀 지파 바기엘

제12일: 납달리 지파 아히라

8. 봉헌 예물의 총계는 얼마입니까?(84-88절)

은반이 열둘(각각 130세겔, 총 1560세겔), 은바리가 열둘(각각 70세겔, 총 840세겔), 금 그릇 열둘(각각 10세겔, 총 120세겔), 총 은이 2400세겔, 금이 120세겔

번제물: 숫송아지 12, 숫양 12, 일 년 된 어린 숫양 12, 소제물
속죄 제물: 숫염소 12
화목 제물: 숫소 24, 숫양 60, 숫염소 60, 일 년 된 어린 숫양 60

9. 여호와의 음성이 들린 곳은 어디입니까?(89절)

모세가 회막에 들어가서 여호와께 말씀하려 할 때에 증거궤 위 속죄소 위의 두 그룹 사이에서 자기에게 말씀하시는 목소리를 들었습니다.

묵상

01   레위인들에게 분배된 예물이 주는 교훈은 무엇입니까?

02   지휘관들의 예물이 주는 교훈은 무엇입니까?

03   각 지휘관들의 예물이 같았음은 무엇을 교훈합니까?

되새김

6장의 나실인으로서 한 공동체에 대한 책임이 있고 이스라엘의 헌신과 사명이 있는 것과 마찬가지로 각 지휘관들은 자신의 지파에 대한 책임과 헌신됨이 있어야 하는 것입니다. 이와 같은 책임과 헌신에 이어지는 축복은 나실인의 서원 이후에 주어지는 제사장의 축복에서 족장들의 봉헌 이후에 주어지는 하나님의 임재를 통해 나타나고 있습니다.

PART

08

레위인의 봉헌
8장1~26절

Key Point

7장의 지휘관들의 헌물에 의한 헌신과 그 축복에 이어 8장은 레위인의 봉헌 예식에 관한 말씀입니다. 레위인들은 이스라엘을 대신하여 봉사하며 또한 이스라엘 자손을 위하여 속죄합니다. 레위인의 이러한 사역은 참된 구속자이시며 봉사자이신 예수 그리스도 안에서 성취됩니다.

본문 이해

아론의 축복에 대한 응답으로 지휘관들의 봉헌에 이어(7장) 8장은 제사장의 사명과 레위인 봉헌에 대한 말씀입니다. 특별히 레위인의 봉헌에 대한 말씀에 앞서 등불 관리에 대한 말씀을 하심은 레위인의 이 사역의 고귀함과 중요성을 알게 합니다[9].

1-4장의 인구조사에서 이스라엘의 인구조사와(1-2장) 레위인의 인구조사를 구별하였듯이(3-4장) 봉헌에 있어서도 지휘관들의 봉헌(7장)과 레위인의 봉헌을 구별합니다(8장). 레위인들의 봉헌은 다시금 하나님의 일을 맡은 자의 사역과 헌신이 얼마나 중요한가를 알게 하십니다.

■ 민수기 8장의 구조적 이해
민 8:1-4: 등불 관리에 관한 아론의 제사장 직무
민 8:5-22: 레위인 봉헌식

---

9) 등대는 특별히 살구꽃 가지 모양과 살구 꽃 모양으로 등잔을 만들었습니다. 이는 살구꽃이 광야에서 가장 먼저 피는 꽃이기 때문입니다. 새로운 계절을 알리는 살구꽃처럼 인간에게 가장 중요한 것은 성령의 시대가 오는 것입니다. 또한 등대는 하나의 금덩이를 쳐서 만들어 이음새가 없게 하였는데 이는 등대의 기름이 절대로 새지 않게 하며 다른 이물질이 들어오지 못하게 하기 위함입니다. 순수함이 기름이어야 합니다. 온전한 성령의 역사가 능력을 가지고 오는 것입니다. 이러한 등대에 대한 책임이 바로 레위인의 사역인 것입니다. 김서택, 『민수기 강해집: 하나님의 신병 훈련소』(서울: 솔로몬, 2009), 136-137쪽.

민 8:23-26: 레위인의 정년

1. 등잔대의 사용법과 그 용도에 관하여 살펴봅시다(1-4절).

등불을 켤 때에 일곱 등잔을 등잔대 앞으로 비취게 하였습니다. 곧 등잔대는 등잔대 앞의 진설병상을 비취게 되어 있었습니다. 등잔대는 구속사적인 의미를 가지고 세상을 비추는 예수 그리스도의 사역을 예표하는 동시에 주의 빛이 진설병상의 떡들을 조명함으로 이스라엘을 지키심을 예표합니다. 또한 등잔대를 성령의 조명으로 해석할 때에는 성령의 사역은 생명의 참된 떡이신 예수 그리스도를 조명함으로 말미암아 누구도 성령의 조명이 없이는 밝히 예수 그리스도를 알 수 없음을 가르치기도 합니다.

등잔대에 관한 계시- 출 25:31-40

등잔대의 제작- 출 37:17-24

등잔대의 완성- 출 40:24-25

등불 관리- 출 27:20-21, 레 24:1-4

등잔대의 사용법과 용도- 민 8:1-4

2. 레위인의 봉헌 의식을 살펴봅시다(5-13절).

① 속죄의 물로 레위인들에게 뿌림

② 전신을 삭도로 밀게 함

③ 의복을 빨게 하여 몸을 정결하게 함

④ 번제물로 수송아지 하나, 소제물로 기름 섞은 고운 가루, 속죄 제물로 수송아지 하나를 취함

⑤ 이스라엘 자손들로 하여금 회막 앞에서 레위인들에게 안수케 함

⑥ 레위인을 요제로 여호와 앞에 드림

⑦ 레위인으로 수송아지들의 머리에 안수케 하고 그 하나는 속죄 제물로 하는 번제 제물로 드려 레위인을 속죄케 함

⑧ 레위인을 아론과 그 아들들 앞에 세워 여호와께 요제로 드림

3. 레위인 성별의 목적은 무엇입니까?(14-19절).

그들은 이스라엘 자손 중 모든 처음 태어난 자를 대신하여 하나님께서 취하신 바 된 사람들입니다. 따라서 하나님께서는 이스라엘 자손들 중에서 레위인을 취하여 그들을 아론과 그 아들들에게 선물로 주어서 그들로 회막에서 이스라엘 자손을 대신하여 봉사하게 하고 또 이스라엘 자손을 위하여 속죄하게 하였습니다. 이는 이스라엘 자손이 성소에 가까이 할 때에 그들 중에 재앙이 없게 하려 함입니다.

4. 레위인 정결 의식이 준수되어짐을 살펴봅시다(20-22절).

하나님의 말씀은 하나님의 말씀과 이에 대한 응답으로서 이스라엘의 선한 행위에 관해서 함께 전하고 있습니다. 이는 우리들이 하나님의 뜻을 아는 것으로 멈추는 것이 아니라 반드시 이를 준수하여야 함을 가르치시는 것입니다.

행진시 레위인의 봉사 연한이 30-50세이었던 앞의 말씀(민 4:3-49) 과 달리 본절에서는 25-50세로 정하여져 있습니다. 앞의 말씀은 성막 이동시와 관련되어진 말씀이며 본 절들은 성막이 정착됨에 관련되어진 말씀입니다. 25세라 함은 5년 동안의 견습 기간을 필요로 함을 가르치 며 특별히 성막 이동이 30세로 정하여짐은 그 만큼 성막 이동에는 주의 력을 요하기 때문입니다. 이후 다윗 시대에는 레위인의 봉사 연령이 20 세로 더욱 낮아집니다. 하나님의 일은 이와같이 단순히 체력만을 요구 하는 것이 아닌 주의력과 오랜 기간의 견습 기간이 필요한 중요한 사역 입니다. 마지막으로 레위인의 정년이 50세로 정하여짐은 비록 상대적 으로 체력과 정신력이 온전하다 할지라도 사람의 실수를 감안할 때에 그 정년을 정하여 하나님의 사역을 규모있게 함을 목적으로 하며 더 나 아가 일하지 않는 것 또한 하나님의 일을 하는 귀중한 한 사역임을 우리 들에게 전하여 주시는 것입니다. 말씀은 우리들에게 일할 수 있는 때가 있어야 함을 가르치며 각자의 젊음의 기간 동안, 일 할 수 있는 동안에 최선으로 하나님의 사역을 해야 할 것을 가르치십니다.

묵상

01 성소의 등잔대에 관한 말씀이 레위인의 정결의식 앞에 있는 이유는 무엇입니까?

02 레위인의 봉헌 의식이 주는 교훈은 무엇입니까?

03 레위인의 정년 제도가 우리 교회에 주는 교훈은 무엇입니까?

되새김

레위인의 정결의식과 이로 말미암은 성막의 봉사자가 됨은 그들의 우월감을 가르치지 않습니다. 그들은 이스라엘을 대신한 자들로서 하나님을 향하여 섬기며 또한 이스라엘을 위하여 봉사하는 자들이었습니다. 우리는 우리들 각자에게 향한 하나님의 부르심과 뜻을 분별하여 우리들에게 주어진 삶을 겸손하게 살아야 할 것입니다.

09

광야에서의 유월절
9장1~14절

Key Point

시내 광야에서 첫 번째 유월절이 행하여집니다. 이는 하나님의 인도하심 전에 예수 그리스도를 예표하는 바 하나님께서 우리의 참된 구속자 되심을 고백하는 것입니다. 추가적인 제2차 유월절에 대한 규례와 타국인에 관한 유월절 규례는 유월절의 정신이 결국 문자적이지 않다는 것을 보여주십니다.

본문 이해

　출애굽이 유월절로 말미암아 시작되었듯이 시내산을 출발하는 시작 또한 유월절로 말미암아 시작됩니다. 특별히 민수기 9장에서의 유월절 규례에서는 부득불 정규 유월절인 1월14일을 지키지 못하는 사람들을 위한 배려로 제2차 유월절 규례에 대한 말씀을 전합니다.

　7장의 말씀이 시간적으로 1장의 말씀을 앞선 바와 마찬가지로 유월절 준행 또한 출애굽 2년 1월14일에 행하여지므로 바로 2월1일에 행하여진 인구조사보다 앞섭니다. 이는 시간적인 배열이 아닌 교훈적인 배열임을 다시금 확인하게 합니다.

　이미 앞서 살펴보았듯이, 1-10장까지의 말씀은 순례의 길을 떠나는 이스라엘을 하나님께서 어떻게 준비시키는가 하는 것입니다. 이스라엘은 하나님의 군사로서(1-2장), 하나님을 섬기는 자로서(3-4장), 자기 정체성을 가져야 하며, 정결함과 거룩함과 구별됨이 있어야 하며(5-6장), 헌신되어야 했습니다(7-8장). 이제 민수기 9-10장은 시내산을 떠나기 전에 최종점검을 합니다. 이와 같은 최종점검이 가지는 의미를 잘 살펴야 합니다. 이는 출애굽기 13장이 첫 번째 오리엔테이션으로 광야 생활의 의미를 가지듯이 시내산을 떠나는 자들이 가져야 할 두 번째 오리엔테이션을 알게 합니다. 두 번째 오리엔테이션의 내용은 유월절과 불기둥과 구름기둥, 은 나팔의 규례의 말씀입니다.

■ 제2차 신앙의 오리엔테이션

출애굽기 13장, 민수기 9-10장, 여호수아 5장은 각각 제1차, 제2차, 제3차 신앙의 오리엔테이션입니다. 먼저 출애굽기 13장에서 이스라엘은 애굽 떠나기 전 곧 홍해를 건너기 전에 세 가지 교훈을 받습니다. 무교절에 관한 교훈과 초태생에 관한 교훈과 불기둥 구름 기둥에 관한 교훈의 말씀입니다. 이는 제1차 신앙의 오리엔테이션이라 말할 수 있습니다. 믿음의 삶을 시작함에 있어서 그들이 배워야 하고 새겨야 하며, 지켜야 할 세 가지 교훈에 관한 말씀입니다. 무교절은 죄를 멀리함으로 하나님과 교제하는 삶에 관하여 교훈하며, 초태생 규례는 첫 것을 드림으로 하나님을 섬기는 법에 관한 교훈이며, 불기둥과 구름 기둥은 하나님의 인도하심, 특별히 성령의 인도하심을 받는 삶에 대한 교훈이 됩니다.

민수기 9-10장은 제2차 신앙의 오리엔테이션이 됩니다. 시내산을 떠나는 하나님의 백성들이 어떠한 삶을 살아야 하는가에 관한 말씀입니다. 출애굽의 메시지와 민수기의 메시지는 여러 닮은 모습을 가지면서도 다른 교훈의 말씀입니다. 출애굽기의 메시지는 직접적으로 구원의 메시지와 연관이 되며 애굽을 떠나는 자신의 삶이 어떠해야 하는지에 관하여 전합니다. 구원의 메시지는 다소 개인적인 교훈과 관련됩니다. 그러나 민수기의 메시지는 구원의 메시지가 아닌 이미 구원의 여정을 시작한 자들에게, 더 나아가 시내산에서 성막과 말씀을 가진 자들이 어떻게 믿음의 삶을 살아야 하는지에 관하여 전합니다. 더욱이 출애굽기의 말씀이 개인적이라면 민수기의 말씀은 공동체적인 특징을 가집니다. 이는 믿음의 성장이 무엇인지에 관하여 알게하십니다. 믿음은 개인적인 영역에서 시작하나 공동체적인 삶으로 나아가게 되는 것입니다.

이제 출애굽하는 이스라엘에게 출애굽기 13장에서 세 가지의 말씀을 주심과 같이 민수기 9-10장에서는 세 가지 교훈을 하십니다. 곧 유월절과 불기둥, 구름기둥에 관한 말씀과 마지막으로 은 나팔 규례에 관한 말씀입니다.

민수기 9장의 유월절은 부정하게 된 사람들을 위한 두 번째 유월절(2월14일에 행함)에 관하여 소개합니다. 출애굽기의 무교절이 죄를 멀리하는 교훈이라면 민수기의 유월절은 부득불 유월절을 지키지 못한 자들을 위하여 두 번째 유월절을 허락하였습니다. 이는 유월절 규례가 형식에 얽매이는 것이 아닌 그 정신을 지킴에 있으며 또한 공동체를 세움에 관심이 있음을 알게 하십니다.

두 번째 교훈인 불기둥, 구름기둥 또한 출애굽기 13장의 불기둥, 구름기둥의 교훈과 다른 내용을 가르칩니다. 출애굽기 13장의 내용이 매우 간략함에 반해 민수기 9장의 불기둥 구름 기둥에 관한 말씀은 매우 상세하게 나옵니다. 불기둥과 구름기둥의 인도함을 받은 이스라엘의 모습은 이전과 달랐습니다. 이전에는 이스라엘 전체의 공동체가 움직였지만 개인적이었으나 이제는 조직이 세워지고 조직적으로 이동하였습니다.

"이스라엘 자손이 여호와의 명령을 따라 행진하였고 여호와의 명령을 따라 **진**을 쳤으며 구름이 성막 위에 머무는 동안에는 그들이 **진영**에 머물렀고"(민 9:18)

"이틀이든지 한 달이든지 일 년이든지 구름이 성막 위에 머물러 있을 동안에는 이스라엘 자손이 **진영**에 머물고 행진하지 아니하다가 떠오르면 행진하였으니 곧 그들이 여호와의 명령을 따라 **진**을 치며 여호와의 명령을 따라 행진하고 또 모세를 통하여 이르신 여호와의 명령을 따라 여호와의 직임을 지켰더라"(민 9:22-23)

이스라엘은 한 개인이 아닌 한 공동체의 한 몸이 되었습니다.

마지막 세 번째로 은나팔 규례는 하나님의 인도하심이 영적 지도자를 통해서 이루어졌음을 알게 하십니다. 이스라엘은 조직적으로 움직였으며 제사장들의 은나팔 소리에 의해 순종하였습니다.

다시 한 번 정리하면, 민수기 9-10장의 말씀은 출애굽기 13장의 말씀에 비해서 좀 더 깊은 믿음의 성숙됨을 보여주며, 출애굽기 13장의 말씀이 다소 개인적이라면 민수기 9-10장의 말씀은 공동체적인 특징을 가집니다. 한 개인이 가져야 할 신앙을 넘어 공동체를 어떻게 세워야 할 것인가를 알게 하십니다.

제3차 신앙의 오리엔테이션에 관하여는 여호수아 5장의 할례와 유월절과 군대대장에 관한 말씀에서 교훈합니다. 이에 대한 자세한 이해는 여호수아 교재를 참고하시기 바랍니다.

■ 민수기 9장의 구조적 이해
　民 9:1-5: 하나님의 유월절 준수 명령
　民 9:6-8: 유월절을 지킬 수 없었던 사람들
　民 9:9-13: 제2차 유월절 규례
　民 9:14: 타국인의 유월절

1. 하나님의 유월절 준수 명령을 살펴봅시다(1-5절).
　출애굽 2년 첫째 달에 하나님께서는 시내 광야에서 모세에게 이스라엘 자손으로 유월절 절기를 지키게 하셨습니다. 이에 이스라엘 백성들은 출애굽 2년 1월 14일에 그 유월절을 행하였습니다.

2. 유월절을 지킬 수 없었던 사람들에 관하여 살펴봅시다(6-8절).
　유월절의 절기에 사람의 시체로 인하여 부정케 되어서 유월절을 지킬 수 없는 사람들이 당일에 모세와 아론 앞에 이르러 사람의 시체로 인하여 부정케 되어서 유월절 절기에 예물을 드리지 못함에 대한 불만을 표하였습니다. 이에 모세는 그들에게 하나님께서 어떻게 말씀하실지 기다리라 하였습니다.

3. 제2차 유월절 규례와 그 의미는 무엇입니까?(9-13절)

시체로 말미암아 부정케 된 자나 여행 중에 있는 자로서 온전히 유월절의 정한 기일을 행할 수 없는 자들을 위하여 제2차 유월절 규례가 2월14일에 행하여지게 되었습니다. 이는 말씀의 교훈은 율법과 자구에 메이지 않으며 예수 그리스도를 예표하는 그림자로서 그 정신을 중시하는 것이라 할 수 있습니다. 그러나 사람이 정결도 하고 여행 중에도 있지 아니한 자가 유월절의 정기를 지키지 아니하면 그 죄를 당하게 하심으로 하나님의 선한 율례가 오용되어지는 것을 엄히 금하셨습니다.

4. 타국인을 위한 유월절과 규례와 그 의미는 무엇입니까?(14절)

추가적으로 타국인에 대한 유월절 규례의 말씀이 있습니다. 타국인이 유월절 규례를 행하기 위해서는 할례를 행함으로(출 12:48-49) 먼저 개종되어야 하며 이들은 본토인과 같이 유월절 규례를 행할 수 있었습니다. 따라서 타국인의 유월절 규례는 이스라엘 공동체가 혈연 공동체가 아닌 신앙 공동체이며 예수 그리스도 안에서 성취되어져 유대인과 이방인의 장벽이 없음을 가르치시는 것입니다.

묵상

01 출애굽기 13장과 민수기 9-10장을 비교하여 봅시다.

02 제2차 유월절 규례가 오늘날 우리 교회에 주는 교훈은 무엇입니까?

03 타국인에 관한 유월절 규례가 오늘날 우리 교회에 주는 교훈은 무엇입니까?

되새김

유월절은 예수 그리스도의 죽음과 부활을 예표하며 우리 주님께서 우리의 참된 구속자이심을 고백하는 것입니다. 제2차 유월절 규례와 더 나아가 타국인에 관한 유월절 규례는 단순히 이 날을 지키는 것이 목적이 아니라 그 정신을 우리들에게 밝히고 있습니다. 하나님은 우리의 환경과 상황을 살피시며 몸을 세우게 하시며, 그 사랑은 멀리, 이전에 이방인이었던 모든 사람들에게까지 평등하게 주어지는 것입니다.

PART

10

하나님의 인도하심
9장15~10장10절

Key Point

우리는 이번 과에서 하나님의 인도하심의 두 가지 측면을 살펴 볼 수 있습니다. 하나님께서는 광야에서 하나님의 임재의 상징인 구름을 통해서 하나님의 뜻을 계시하셨으며 제사장들에 의한 나팔 소리로서 백성들을 인도하셨습니다. 우리는 철저하게 하나님의 말씀을 따라 행하여야 할 것이며 이 일은 하나님의 종들의 분별력과 책임감 밑에서 이루어져야 하는 것입니다.

본문 이해

민수기의 시작은 셈으로부터 시작합니다. 이러한 셈을 통해서 하나님께서는 그들의 정체성을 확인하게 하시고(1-4장) 정결하게 하시고(5-6장) 헌신하게 하시고(7-8장) 그들을 최종적으로 점검하시고(9-10장) 시내산에서 출발하게 하십니다.

최종점검의 말씀은 시내산을 떠나는 그들이 어떻게 이전과 다른가를 알게 하시며, 어떻게 앞으로 나아가야 할 것인가를 말씀하시는 것입니다. 두 번째 유월절 규례를 통한 유월절의 규례에 이어 행군에 앞선 마지막 점검으로 이스라엘이 어떠한 모습으로, 어떠한 신호에 의해서 나아갈 것인가에 관하여 말씀하십니다. 하나님께서는 구름기둥과 불기둥으로 말미암아 이스라엘이 조직적으로 행진하고 또한 진을 쳐야 했음을 말씀하시고 이를 위하여 이스라엘의 지도자들의 나팔을 통해서 백성들을 인도하셨습니다. 구름기둥과 불기둥은 보다 시각적이며, 나팔은 청각을 통한 것입니다. 구름기둥과 불기둥의 인도하심에는 보다 공동체에 집중하게 하며 나팔은 하나님께서 세운 사람들에 주목하게 합니다.

■ 민수기 9장15-10장10절의 구조적 이해
  민 9:15-23: 구름기둥과 불기둥
  민 10:1-10: 두 개의 나팔

1. 이스라엘을 인도하였던 구름기둥과 불기둥에 관하여 살펴봅시다(15-23절).

성막을 세운 날에 구름이 성막을 덮었고 저녁이 되면 성막 위에 덮었고 저녁이 되면 성막 위에 불 모양 같은 것이 나타나서 아침까지 이르렀습니다. 곧 낮에는 구름이 밤에는 불 모양이 있었습니다. 이스라엘은 구름이 성막에서 떠오르는 때에 진행하였고 구름이 머무는 곳에 진을 쳤습니다. 이스라엘은 구름이 떠오를 때에 떠나고 구름이 성막 위에 머물 때에 머무름으로 철저하게 하나님의 명령을 좇아 광야에서 행하였습니다. 비록 장막 위에 구름이 머무는 날이 적을 때에라도 그들은 떠났으며 구름이 오랫동안 성막에 머무를 때에는 이스라엘은 진행치 아니하다가 구름이 떠오를 때에라야 진행하였습니다.

2. 나팔에 관한 규정을 살펴봅시다(10장1-10절).

1) 몇 개의 나팔이 준비되어졌습니까?(2절)

은 나팔 두개를 쳐서 만들었습니다. 하나님의 인도하심에 귀하게 쓰임을 받는 나팔은 쳐서 만들어졌습니다. 이는 고난을 뜻하는 것으로 하나님의 인도하심의 소리가 되기 위해서는 고난을 통과해야 함을 알 수 있습니다[10].

---

10) 유동근, 『가나안에 이르는 노정: 민수기 강해』(서울: 벧엘서원, 2003), 167쪽.

2) 나팔은 누가 불었습니까?(8절)

나팔은 아론의 자손인 제사장들이 불었습니다. 나팔을 일반 백성들 중에 불지 않고 제사장들이 불었다는 것은 나팔을 부는 일에 대한 책임감을 의미하는 것입니다. 곧 하나님의 종들은 하나님의 자녀들을 책임감 있게 바로 인도하여야 하는 것입니다.

3) 나팔은 언제 사용되어졌습니까?(2-10절)

일차적으로 나팔은 회중을 소집하여 진을 진행케 하는 데에 쓰였습니다. 두 나팔을 불 때에는 온 회중이 회막문 앞에 모여서 모세에게로 나아왔으며 하나만 불 때에는 이스라엘 천부장된 지휘관들이 모여서 모세에게로 나아왔습니다. 나팔을 크게 불 때에 동편 진들이 진행하였고 제 이차로 크게 불 때에 남편 진들이 진행하였고 나팔을 크게 불 때에 그 차례대로 진행하였습니다.

둘째로 나팔은 회중을 모을 때에 불었습니다. 그러나 이 때에는 이스라엘이 진행할 때처럼 나팔을 크게 불지 않았습니다.

셋째로 대적을 치러 나갈 때에 나팔을 크게 불었습니다.

넷째로 희락의 날과 정한 절기와 초하루(월삭)에는 번제물을 드리고 화목제물을 드리며 나팔을 불었습니다.

그로 말미암아 너희의 하나님이 너희를 기억하시리라 약속하셨습니다.

3. 하나님의 인도하심으로서 구름과 나팔이 각각 의미하는 바는 무엇입니까?

하나님께서는 이스라엘을 인도하실 때에 구름을 통해서 그 뜻을 계시하셨습니다. 그러나 실제적인 진행은 그의 종들의 나팔을 통해서 인도하셨습니다. 하나님의 종들은 누구보다도 더 먼저 하나님의 뜻을 분별하여야 할 것이며 하나님의 뜻 안에서 성도들을 바로 인도하여야만 하는 책임이 있습니다. 비록 이스라엘은 구름을 통해 하나님의 뜻을 알고 있었지만 그들은 질서를 따라 하나님의 종들의 인도함을 받았던 것과 마찬가지로 교회는 하나님께서 주신 질서 속에서 움직이는 공동체가 되어야 하는 것입니다.

묵상

01   불기둥과 구름기둥이 주는 교훈은 무엇입니까?

02   나팔을 불어야 할 각각의 때가 의미하는 바는 무엇입니까?

03   구름과 나팔이 각각 우리 교회에게 주는 교훈을 생각하여 봅시다.

되새김

하나님께서는 하나님의 인도하심을 모든 백성들이 알게 하셨습니다. 그러나 그 정확한 때와 질서는 하나님의 종들에 의해서 이루어지게 하셨습니다. 그러므로 하나님의 종들은 보다 민감하게 하나님의 뜻을 분별하여야 하며 하나님의 자녀들은 계시된 하나님의 뜻 안에서 하나님의 종들의 인도함에 순종하여 하나님의 뜻을 온전히 이루어야 하는 것입니다.

민수기

제2부

시내광야에서
가데스 바네아까지
(10장11절–14장)

PART

11

시내 광야의 출발
10장11~36절

Key Point

마침내 이스라엘 자손들은 채 1년이 안되는 시내산에서의 체류를 끝내고 출발을 하게 됩니다. 주목할 것은 이것은 시내산에 이를 때와는 다른 조직된 군대로서의 진행이었습니다. 법궤의 앞서 행함과 그 행진의 순서, 모세의 호밥에 대한 만류, 궤가 떠날 때와 머물 때의 모세의 기도문 등은 우리가 이 세상의 여정을 하나님의 군대로서 어떻게 지내야 하는가를 가르쳐 줍니다.

본문 이해

제1부 '시내 광야에서'(1장1-10장10절)의 말씀을 마치고 제2부는 '시내 광야에서 가데스 바네아까지'(10장11-14절)의 여정의 말씀입니다.

드디어 이스라엘은 시내 광야를 출발합니다. 그들은 군대의 모습이 아니었지만 이제 조직된 정결한 군대가 되었습니다. 하나님께서 말씀하신 진영의 순서대로 순종하여 그 여정을 출발하였으며 구름기둥과 불기둥의 인도하심을 받고 광야에 대하여 잘 아는 호밥으로부터 도움을 받았습니다.

■ 민수기 10장11-36절의 구조적 이해

　　민 10:11-28: 시내 광야를 출발함
　　민 10:29-32: 호밥의 동행을 요청함
　　민 10:33-36: 처음 삼일길

1. 이스라엘 자손이 시내 광야를 출발한 때는 언제입니까?(11-12절)

　　이스라엘 백성은 출애굽 2년 2월20일에 시내 광야를 출발하여 바란 광야로 나아갔습니다.

2. 이스라엘 백성들이 출애굽 하여 시내산에 머물고 시내산을 떠날 때까지의 여정을 개략적으로 살펴봅시다.

　이스라엘 백성들은 출애굽한 달을 해의 첫 달로 삼았습니다(출 12:2). 더 정확하게는 유월절을 행한 달을 해의 첫 달로 삼았습니다. 출애굽의 첫 달 14일에 이스라엘 자손들은 유월절을 행하였으며 그 밤인 1월 15일에 애굽을 떠나 홍해를 건너 광야에 이른 이스라엘이 수르 광야(마라와 엘림)를 지나 신 광야에 이른 때는 출애굽 1년 2월15일로 약 한 달의 기간이 소모되었습니다(출 16:1). 이후 이스라엘이 르비딤을 거쳐 시내 광야에 이른 것은 출애굽 1년 3월1일로 출애굽한 후 약 45일 만입니다. 이스라엘이 시내산에 도착한 후에 모세는 두 번의 40일 금식을 통해 십계명과 여러 가지 율례와 성막 제작에 대한 하나님의 말씀을 전해 받고 성막제작을 시작하여 출애굽 2년 1월1일에 성막을 세웁니다. 성막이 세워지고 성막 위에 구름이 떠오르고 이스라엘이 시내 광야를 출발하기 전까지 50일 동안 족장들의 예물 봉헌 사건, 제사장 위임 사건, 나답과 아비후 사건, 유월절 정기, 제2차 유월절, 인구 조사 사건, 등이 있었으며 마침내 출애굽 2년 2월20일에 이스라엘은 시내광야를 출발하였습니다.

3. 제1대의 출발을 살펴봅시다(13-16절).

　선두로 유다 자손 진영의 군기에 속한 자들이 그 군대대로 진행하였습니다. 유다 군대는 암미나답의 아들 나손이 이끌었고 잇사갈 자손 지파의 군대는 수알의 아들 느다넬이 이끌었고 스불론 자손 지파의 군대는 헬론의 아들 엘리압이 이끌었습니다.

4. 1대와 2대 사이의 게르손 자손과 므라리 자손의 출발을 살펴봅시다(17절).

게르손 자손과 므라리 자손은 성막을 걷은 후에 성막을 메고 출발하였습니다.

5. 제2대의 출발을 살펴봅시다(18-20절).

게르손 자손과 므라리 자손에 이어 제2대로서 르우벤 진영의 군기에 속한 자들이 그 군대대로 출발하였습니다. 르우벤의 군대는 스데울의 아들 엘리술이 이끌었고 시므온 자손 지파의 군대는 수리삿대의 아들 슬루미엘이 이끌었고 갓 자손 지파의 군대는 드우엘의 아들 엘리아삽이 이끌었습니다.

6. 제2대와 제3대 사이의 고핫 자손의 출발을 살펴봅시다(21절).

아론과 그 아들들이 성소와 성소의 기구들을 덮기를 필한 후에 고핫인들은 제2대와 제3대 사이에서 성물을 메고 진행하였습니다. 고핫인들이 도착하기 전에 게르손 자손과 므라리 자손에 의해 성막이 먼저 세워졌습니다.

7. 제3대의 출발을 살펴봅시다(22-24절).

제3대로서 에브라임 자손 진영의 군기에 속한 자들이 그 군대대로 진행하였습니다. 에브라임 군대는 암미훗의 아들 엘리사마가 이끌었고 므낫세 자손 지파의 군대는 브다술의 아들 가말리엘이 이끌었고 베냐민 자손 지파의 군대는 기드오니의 아들 아비단이 이끌었습니다.

8. 제4대의 출발을 살펴봅시다(25-27절).

제4대로서 단 자손 진영의 군기에 속한 자들이 그 군대대로 행진하였습니다. 이 군대는 모든 진의 마지막 진영이었습니다. 단 군대는 암미삿대의 아들 아히에셀이 이끌었고 아셀 자손 지파의 군대는 오그란의 아들 바기엘이 이끌었고 납달리 자손 지파의 군대는 에난의 아들 아히라가 이끌었습니다.

9. 이스라엘 자손은 어디에 속해서 진행하였습니까?(28절)

이스라엘 자손은 그들의 군대를 따라 나아갔습니다.

10. 모세의 호밥에 대한 동행을 권함을 살펴봅시다(29-32절).

모세는 처남이 되는 호밥에게 함께 떠날 것을 권합니다. 호밥이 비록 자신의 고향으로 가리라는 거절이 있었지만 모세는 강권하여 동행하게 됩니다. 이는 후일에 호밥의 후손들이 가나안 땅에 거주했다는 성경의 증언으로 통해 알 수 있습니다(삿 1:16, 4:11, 삼상 15:6, 27:10).

11. 행진의 가장 선두에 있었던 것은 무엇입니까?(33절).

이스라엘이 삼일 길을 행할 때에 하나님의 언약궤가 앞서 행하였습니다. 이스라엘이 앞선 언약궤를 따랐듯이 이제 우리는 자기를 부인하고 자기 십자가를 지고 예수 그리스도를 따르는 믿음의 삶을 사는 것입니다.

12. 하나님의 언약궤가 떠날 때와 쉴 때의 기도문을 살펴봅시다(35-36절).

  궤가 떠날 때에는 모세가 여호와여 일어나사 주의 대적들을 흩으시고 주를 미워하는 자가 주 앞에서 도망하게 하소서라고 하였고 궤가 쉴 때에는 여호와여 이스라엘 종족들에게로 돌아오소서라 하였습니다.

01   군대를 따라간 이스라엘 자손이 주는 교훈은 무엇입니까?

02   호밥의 거절과 모세의 권함이 주는 교훈은 무엇입니까?

03   궤가 떠날 때에 머물 때에 모세의 기도가 주는 교훈은 무엇입니까?

되새김

하나님께서는 하나님의 인도하심을 모든 백성들이 알게 하셨습니다. 그러나 그 정확한 때와 질서는 하나님의 종들에 의해서 이루어지게 하셨습니다. 그러므로 하나님의 종들은 보다 민감하게 하나님의 뜻을 분별하여야 하며 하나님의 자녀들은 계시된 하나님의 뜻 안에서 하나님의 종들의 인도함에 순종하여 하나님의 뜻을 온전히 이루어야 하는 것입니다.

PART

12

백성들의 불평
11장1~35절

Key Point

이번 과는 백성들의 원망과 불평을 담고 있습니다. 출애굽의 큰 은혜를 입고도 마라에서
원망하였음과 동일하게 이스라엘은 출발하는 그 여정의 시작부터 원망과 불평을 하였습
니다. 다베라 사건과 기브롯 핫다아와 사건을 통해서 이 믿음의 여정에서 얼마나 쉽게 불
평함으로 심판을 자초하며 하나님의 영광을 나타내지 못하는지 우리 자신을 돌아볼 수
있어야 할 것입니다.

본문 이해

출애굽한 이스라엘은 홍해 도하의 은혜와 감격을 가졌지만 그 은혜와 감격에도 불구하고 사흘만에 '마라의 쓴 물'을 만나게 될 때에 원망과 불평으로 변질되었습니다. 썩은 과일처럼 은혜와 감격도 '원망과 불평'으로 변질되었습니다. 동일하게 시내산을 떠난 이스라엘은 삼 일 길을 은혜 중에 나아갈 수 있었지만(민 10:33) 다시 불평과 원망이 시작되었습니다. 다베라의 원망으로부터 시작하여 민수기에는 10가지 불신앙과 배교적인 원망과 불평의 이야기가 계속됩니다.

No	불신앙적 사건들	본문
1	다베라 사건	민 11:1-3
2	기브롯 핫다아와 사건	민 11:4-35
3	미리암과 아론의 모세 비방 사건 (하세롯 사건)	민 12:1-16
4	가데스 바네아의 반역	민 13:1-38
5	호르마의 패배	민 14:39-45
6	고라당의 반역	민 16:1-40
7	온 회중의 반역	민 16:41-50
8	므리바 물 사건	민 20:2-13
9	불뱀과 놋뱀 사건	민 21:4-9
10	바알 브올 음행 사건	민 25:1-18

다음의 도표는 출애굽기와 민수기의 사건을 대조합니다[11].

	시내산 이전 광야	시내산 이후 광야
첫 번째 사건	수르 광야의 마라의 쓴 물 (출 15:22-27)	다베라 사건 (민 11:1-3)
양식	신 광야의 만나와 메추라기 사건 (출 16장)	기브롯 핫다아와 사건 (민 11:4-35)
목마름	르비딤의 므리바 (출 17:1-7)	가데스의 므리바 (민 20:1-13)
전쟁	르비딤에서 아말렉과의 전쟁 (출 17:8-16)	호르마에서 아말렉(과 가나안인)과의 전쟁 (민 14:39-45)
행정제도	이드로의 방문과 조언-천부장, 백부장, 오십부장, 십부장을 세움 (출 18:13-27)	70장로 임명 (민 11:4, 24-30)

민수기 11장으로부터 시작되어지는 이스라엘 자손의 불평은 서문의 두 번째 조언을 통해서 살펴보아야 합니다. 곧 시내산에 이르기 전에 있었던 이스라엘의 광야 생활 속에서 있었던 불평에도 불구하고 하나님께서는 그들의 불평에 관하여 심판을 행하시지 않으셨습니다. 그러나

---

11) 박철현, 『출애굽기 산책』(서울: 도서출판 목양, 2011), 145쪽.

시내산 이후의 광야 생활 속에서 불평에 관하여는 하나님께서 그들 가운데 징계를 행하십니다. 이에 관하여서는 앞으로 좀 더 자세히 살펴보고자 합니다. 특별히 보아야 하는 것은 시내산 이전의 광야와 시내산 이후의 광야가 어떻게 반복되어지는가 하는 것입니다. 이는 우리들의 신앙의 연단에 비슷하고 반복된 유형이 있음을 알게 하십니다.

첫 번째 불평으로 11장의 다베라 사건은 비록 3절 밖에 되지 않지만 앞으로 나오게 될 사람들의 불평과 하나님의 심판과 부르짖음-중재-응답-지체 등에 관하여 개요적으로 보여줍니다[12].

■ 민수기 11장1-35절의 구조적 이해
  민 11:1-3: 다베라 사건
  민 11:4-9: 백성들의 원망
  민 11:10-30: 모세와 70인 장로
  민 11:31-35: 메추라기 재앙

1. 다베라의 불평을 살펴봅시다(1-3절).
  백성들의 원망의 결과 하나님께서 진노하사 진영의 끝에 불이 난 사건이 바로 다베라 사건입니다. 하나님께서 진영의 끝에 불이 나게 하

---

12) 왕대일, 『대한기독교서회 창립 100주년 기념 성서주석: 민수기』(서울: 대한기독교서회, 2007), 286-287쪽.

심은 하나님의 심판이 심판 자체가 목적이 아님을 보여주는 한 사건이라 할 수 있습니다.

또한 이스라엘이 시내산에서 출발하는 여정의 시작부터 일기 시작한 원망은 다시금 우리 자신이 얼마나 쉽게 원망하며 결국 하나님의 심판에 그리 쉽게 나아가는 자인가를 보여줍니다. 교회가 가만히 있고 예배만 드린다면 별 원망없이 지낼 수 있을 것입니다. 그러나 이제 그들이 군사로 편성이 되고 행진할 때에 그 곳에 있는 많은 고초와 어려움 가운데 불평과 원망의 요소가 있는 것입니다.

하지만 하나님께서는 우리들의 불평과 원망을 묵과하지 않으십니다. 그것은 불신앙이기 때문입니다. 백성들의 원망과 하나님의 심판에 이어 모세가 중보합니다. 모세의 중보 기도에 하나님께서 들으시고 진노를 멈추사 진영의 끝의 불이 모든 진에까지 이르지 않았습니다. 중보의 중요성을 다시금 가르치는 본문은 중보의 중요성 이전에 이처럼 백성들은 쉽게 원망한다는 것을 교회의 지도자들로 하여금 알게 하며 그들을 바로 양육하고 그들을 위해 중보해야 할 책임감에 관해서 교훈합니다.

2. 이스라엘 가운데 섞여 사는 무리들을 살펴봅시다(4절).
이스라엘은 출애굽할 때에 이스라엘 민족만 나온 것이 아니라 많은 잡다한 족속과 함께 애굽에서 나오게 됩니다(출 12:38). 출애굽할 때에 순수한 이스라엘 민족만 나오지 않고 많은 잡족이 함께 나오게 되었다는 것은 한편으로 하나님의 구속이 이스라엘 민족에게만 있는 것이 아니라 만민을 향한 하나님의 구속을 예표하는 것이라 할 수 있을 것입니다. 그러나 순수한 교회가 이방적인 요소들로 인하여 그 정결함을 잃게 된다는 것은 경계해야할 이유가 되는 것입니다.

특별히 다베라 불평 이후에 다시금 시작된 백성들의 불평이 이 섞여 사는 무리들로 말미암아 시작되었다는 것을 주목해서 보아야 할 것입니다. 믿음의 사람들은 이처럼 교회 가운데도 여전히 세속적인 가치관을 가진 사람들에 대해서 동조해서는 안 될 것이며 오히려 그들 가운데 믿음의 영향력을 미칠 수 있는 사람들이 되어야 하는 것입니다.

3. 백성들의 원망은 무엇입니까?(4-6절)

이스라엘 중에 섞여 사는 다른 인종들은 탐욕을 품었고 이스라엘 자손도 울며 원망하기시작하였습니다.

"누가 우리에게 고기를 주어 먹게 하랴 우리가 애굽에 있을 때에는 값 없이 생선과 오이와 참외와 부추와 파와 마늘들을 먹은 것이 생각나거늘 이제는 우리의 기력이 다하여 이 만나 외에는 보이는 것이 아무 것도 없도다"(4-6절)

그들은 한 때에 자신들이 유월절을 지킬 수 없음을 통해서 거룩한 원망을 가진 사람들이었지만 이제는 오히려 돌아가서도 안되고 돌아보아서도 안 될 곳을 향해서 마음을 빼앗긴 사람들이 되었습니다. 이들이 고기를 원하였다는 것은 철저하게 이들이 다시금 육에 속한 자들인 것을 증명해 주는 것입니다.

4. 만나에 대한 자세한 설명과 그 이유는 무엇입니까?(7-9절)

만나에 대한 설명은 출애굽기 16장13-36절과 본문의 말씀으로 통해 전합니다. 특별히 백성들이 원망할 때에 만나에 대한 상세한 설명은 다시금 이 만나가 얼마나 신령한 음식인지를 증명함으로 말미암아 저 백성들의 원망이 얼마나 터무니없는 것인지를 알게 하는 것입니다. 백성들은 처음에는 이 만나를 그냥 먹었으나 시간이 지나면서 저들은 만나를 절구에 찧기도 하고 가마에 삶기도 하여 과자를 만들어 먹었습니다. 많은 조리법이 만나에 이루어져서 이 만나가 진실로 천상의 음식임을 증명해 주시는 것입니다. 사람들은 원망은 이처럼 하나님의 큰 은혜를 값없이 하는 악한 것입니다.

5. 백성들의 불만에 대한 모세의 호소를 살펴봅시다(10-15절).

백성들의 원망과 다베라의 심판 때와는 다른 하나님의 침묵으로 인해 모세는 두 가지를 호소하게 됩니다. 첫째, 자신에게 주어진 이 책임이 너무 막중해서 혼자 감당할 수 없다는 것입니다. 둘째, 백성들의 원망에 대한 것입니다. 백성들의 원망에 대한 모세 자신의 곤고함과 죽기를 청함은 이스라엘의 금송아지 사건과 이에 대한 중보의 모습과는 다소 대조적인 모습을 보이나(출 32:31-32) 이는 역시 연약한 인생의 한 단면을 보여주는 것이라 할 수 있습니다. 모세는 하나님의 침묵에 결국 이 백성을 자신이 혼자 감당할 수 없으며 어찌 할 바를 알지 못함을 정직하게 하나님 앞에 토로하고 있는 것입니다.

6. 모세의 호소에 대한 하나님의 응답을 살펴봅시다(16-20절).

첫째, 백성들을 모세 혼자 감당할 수 없기에 모세가 아는 자 70인을 장막 앞에 세워 그들로 모세의 짐을 나누어지게 하실 것이며 둘째, 울며 애굽에 있었을 때에 재미있었다는 하며 여호와를 멸시하던 자들에게 고기를 주되 하루 이틀 닷새나 열흘이나 스무 날만 아닌 1개월간 고기를 먹게 하실 것을 말씀하셨습니다.

7. 모세의 의문과 하나님의 답변을 살펴봅시다(21-23절).

첫 번째 하나님의 말씀 곧 70인의 장로들을 세우시는 하나님의 말씀에 모세는 질문을 할 것이 없었습니다. 그러나 하나님께서 200만명 이상이 되는 이스라엘 백성들에게 1개월간 고기를 먹이신다는 말씀에 의문을 가질 수 밖에 없었습니다. 그것은 그들의 온 양떼를 잡고 온 소떼를 잡아도 족하지 않았기 때문입니다. 그러나 하나님께서는 모세에게 말씀하시기를 '여호와의 손이 짧으냐 네가 이제 내 말이 네게 응하는 여부를 보리라'(23절)하심으로 다시 한 번 하나님의 능력을 약속하셨습니다.

8. 70인의 장로를 세움과 엘닷과 메닷 사건을 살펴봅시다(24-30절).

하나님의 말씀대로(11:16-17) 모세는 장로 70인을 세워 그들로 장막에 둘러 세웠으며 하나님의 신이 그들에게 임하사 그들이 예언을 하다가 다시는 하지 않았습니다. 그런데 그 기명된 자 중에 엘닷과 메닷이 장막 앞에 나아오지도 못했음에도 불구하고 그들이 그들의 진에서 예언을 하였습니다. 이들은 70인의 장로들로서 모세의 부름을 받고 장막에 나아오지 못하였습니다.

그러나 최소한 이들에게 하나님의 영이 임하였다는 것은 그들이 나아오지 못함이 불경건함으로 말미암은 것으로 여겨질 수 없습니다. 하나님의 영은 인간의 연약한 상황을 고려하시며, 장소적인 제한없이 그가 쓰시고자 하시는 자들에게 임하시는 것입니다.

이제 한 소년이 이 일을 모세에게 알렸고 모세의 시종 여호수아는 그들을 금하여야 함을 말하였으나 모세는 오히려 여호수아에게 대답하기를 "네가 나를 두고 시기하느냐 여호와께서 그의 영을 그의 모든 백성에게 주사 다 선지자 되게 하시기를 원하노라"고 말함으로 그의 건의가 옳지 못함을 질책하였습니다. 이와 같은 모세의 답변 속에 그는 성령의 은사를 독점할 수도, 하려고 하지도 않았으며 하나님의 은사를 수단으로 해서 자신의 권위를 세울려고 하지도 않았음을 보이는 것입니다. 결국 이러한 모세의 신앙은 이후 예수 그리스도의 죽음과 부활과 승천 이후에 성령의 강림으로 말미암아 온 성도들 가운데 성취됩니다.

9. 기브롯 핫다아와 사건을 살펴봅시다(31-35절).

두 번째 하나님의 말씀의 성취로서 바람이 여호와에게로서 나와 바다에서부터 메추라기를 몰아 진 사방으로 하룻길 되는 지면 위 두 규빗쯤에 내리게 하셨습니다. 백성들이 일어나 종일 종야와 그 이튿날 종일토록 메추라기를 모으니 적게 모은 자도 10 호멜이었습니다. 하루에 거두는 만나가 한 오멜 곧 10분의 1 에바임과 1 호멜이 10에바임을 감안할 때에 10 호멜은 1000 오멜이며 이스라엘 자손들은 1000 오멜 곧 일일 만나의 양의 1000배 이상이 되는 메추라기를 사람들은 모았습니다. 결국 고기가 아직 잇사이에 있어 씹히기 전에 하나님께서는 백성에게 진노하사 탐욕을 낸 사람들에게 큰 재앙을 내리셨습니다. 따라서 그 곳 이름은 '탐욕의 무덤'이라는 뜻의 '기브롯 핫다아와'라 불리웠습니다.

묵상

01 다베라 사건이 오늘날 교회에 주는 교훈은 무엇입니까?

02 모세가 70인의 장로들을 세운 것은 어떠한 의미가 있습니까?

03 기브롯 핫다아와 사건이 오늘날 교회에 주는 교훈은 무엇입니까?

되새김

탐욕의 작은 시작이 결국 온 이스라엘을 불평과 원망에 휩싸이게 하였습니다. 하나님께서는 우리들의 모든 작은 소리를 들으시며 그 작은 소리에도 응답하시는 것입니다. 하나님께서는 우리들의 선한 호소에만 귀기울이시는 것이 아니라 우리들의 작은 원망의 부르짖음 소리에도 응답하시는 것입니다. 자신의 곤고함을 통한 부르짖음은 선한 것이나 하나님의 주신 은혜를 알지 못하는 원망은 결국 심판으로 종결되고 마는 것입니다.

PART

13

미리암과 아론의 불평
12장1~16절

Key Point

다베라, 기브롯 핫다아와의 불평이 백성들의 불평이라면 하세롯에서 미리암과 아론의 불평은 영적 지도자의 불평입니다. 불평이라는 것은 어떠한 영적으로 어린 자들뿐만 아니라 영적으로 성숙하였다는 사람들에게까지 만연되어 있는 것입니다. 특별히 영적인 지도자들 사이에서의 불평이 시기심에서 나온다는 사실은 더욱 더 교회의 지도자가 되어갈수록 겸손해야 할 것을 교훈합니다.

본문 이해

다베라의 불평은 계속적인 불평을 낳았습니다. 기브롯 핫다아와의 불평에 이어 이제 지도자들까지 불평에 참여하게 됩니다. 모세가 구스 여인을 취한 것은 불평을 위한 하나의 빌미일 뿐 그들은 모세의 권위에 직접 도전하였습니다. 미리암과 아론의 비방을 살피며 뼈아픈 바는 권위에 대한 도전이 바로 가장 가까운 혈육에 의하여 이루어졌다는 사실입니다. 가장 가까이에 있는 사람들에 의해서도 이러한 일들이 이루어질 수 있음을 보여주시는 것입니다.

No	불신앙적 사건들	본문
1	다베라 사건	민 11:1-3
2	기브롯 핫다아와 사건	민 11:4-35
3	**미리암과 아론의 모세 비방 사건 (하세롯 사건)**	**민 12:1-16**
4	가데스 바네아의 반역	민 13:1-38
5	호르마의 패배	민 14:39-45
6	고라당의 반역	민 16:1-40
7	온 회중의 반역	민 16:41-50
8	므리바 물 사건	민 20:2-13
9	불뱀과 놋뱀 사건	민 21:4-9
10	바알 브올 음행 사건	민 25:1-18

■ 민수기 11장 1-35절의 구조적 이해

　민 12:1-3: 미리암과 아론의 모세 비방

　민 12:4-10: 미리암의 징계

　민 12:11-16: 미리암을 위한 모세의 중보

1. 미리암과 아론의 불평의 동기는 무엇입니까?(1절)

　모세가 구스 여자를 취하였으므로 미리암과 아론이 모세를 비방하였습니다. 모세가 구스 여자를 취하였다는 것이 만일 육에 속한 일이었다면 미리암과 아론의 비방에 하나님의 심판이 앞섰을 것입니다. 그러나 하나님께서 이에 관해서 어떠한 말씀도 하지 않으심은 이 일이 미리암과 아론의 시기로 말미암은 것임을 밝히시는 것입니다. 우리는 모든 일에 표면적으로 볼 것이 아니라 그 심중의 의도를 살펴야 합니다.

　모세가 이방여인과 혼인한 것은 아마도 자신의 아내 십보라의 사후에 이루어진 일로 보이며 성경에 이방 여인과 통혼치 않는 것은 종교적인 순수성을 위한 것이지 그것 자체를 금지하고 있는 것은 아닙니다. 오히려 모세의 이방여인과의 결혼은 교만한 선민사상과 그 배타성을 뛰어넘는 복음적인 정신을 보여준다고 할 수 있습니다.

2. 그들의 비방의 말을 살펴봅시다(2절).

　미리암과 아론은 말하기를 "여호와께서 모세와만 말씀하셨느냐 우리와도 말씀하지 아니하셨느냐"라고 하였습니다. 모세의 피붙이가 되어

누구보다도 더 모세의 권위를 보호하여야 할 두 사람 미리암과 아론이 모세를 비방하였다는 것은 서글픈 일입니다. 더욱이 미리암은 출애굽 때에 사람들 앞서 찬양한 바가 있으며 아론은 출애굽에 있어 모세의 대언자였으며 아말렉과의 싸움에 있어서도 훌과 함께 모세의 손을 든 사람이며 이스라엘의 대제사장으로 그들은 누구보다도 영적인 권위가 있었던 사람들이었습니다. 이러한 영적인 지도자들이 하나가 되지 못하고 섬기지 못하고 시기하고 비방하는 모습은 그 표면적인 이유가 어떠하든 결국 하나님께서 들으시고 하나님의 심판 가운데 놓인다는 것을 잊지 말아야 합니다.

3. 성경이 말하는 모세는 어떠한 사람입니까?(3절)

미리암과 아론의 비방과 그 대적함에 관해서 모세는 어떠한 반응도 하지 않았습니다. 그리고 성경은 모세를 향하여 이렇게 평하고 있습니다. "이 사람 모세는 온유함이 지면의 모든 사람보다 더하더라" 앞선 백성들의 원망에 관해서 차라리 자신이 죽기를 청하였던 모세는 이제 원망의 화살이 오직 자신에게만 향하였을 때에는 그 온유함을 잊지 않았습니다. 때때로 우리의 문제에 관하여 침묵하고 기다림이 아름다울 때가 있습니다. 침묵은 성숙으로 말미암은 것이며 침묵은 인내이며, 기다림이며, 침묵은 강건함이며, 하나님께 향한 신뢰의 마음이기도 합니다.

4. 하나님의 소집을 살펴봅시다(4-8절).

하나님께서는 갑자기 모세와 아론과 미리암을 회막으로 부르셨습니

다. 그리고 그들 가운데 아론과 미리암에게 말씀하시기를

"내 말을 들으라 너희 중에 선지자가 있으면 나 여호와가 환상으로 나를 그에게 알리기도 하고 꿈으로 그와 말하기도 하거니와 내 종 모세와는 그렇지 아니하니 그는 내 온 집에 충성됨이라 그와는 내가 대면하여 명백히 말하고 은밀한 말로 하지 아니하며 그는 또 여호와의 형상을 보거늘 너희가 어찌하여 내 종 모세 비방하기를 두려워 아니하느냐"(6-8절)

하시며 꾸짖으셨습니다.

5. 미리암만 나병이 든 이유는 무엇입니까?(9-12절)

앞선 비방이 미리암으로 주도적으로 이루어졌음은 미리암의 이름이 아론의 이름보다 앞선 것과 그 비방하다는 주어가 여성형으로 나타나는 것을 통해 알 수 있습니다. 또한 아론이 대제사장직을 수행하고 있었다는 것은 하나님의 심판이 심판 자체의 목적을 가지지 않는 한 이를 감안하였다고도 볼 수 있는 것입니다. 아무튼 하나님의 심판은 먼저 미리암에게 이루어졌고 이에 대해 아론은 회개하며 모세에게 미리암을 위해서 중보해 줄 것을 간청하였습니다.

6. 모세의 중보를 살펴봅시다(13-16절).

백성들의 심판에 늘 그들을 위해서 중보하며 기도하였듯이 이제 모

세는 미리암을 위하여 중보하였습니다. 이에 하나님께서는 다만 그녀를 진 밖에 7일 동안 가둘 것을 명하시매 미리암은 진 밖에 칠 일 동안 갇혔고 백성들은 그녀가 다시 들어오게 하기까지 진행치 아니하였습니다. 곧 미리암과 아론의 하세롯의 비방 사건으로 이스라엘은 진행을 잠시 지체할 수 밖에 없었습니다. 미리암이 돌아온 후에 이스라엘은 하세롯에서 진행하여 바란광야에 진을 쳤습니다.

01 미리암과 아론의 비방이 교회에 주는 교훈은 무엇입니까?

02 모세의 온유함은 나에게 어떠한 교훈을 줍니까?

03 하나님께서는 미리암의 심판을 통해서 이스라엘 공동체에 어떠한 교훈을 주셨습니까?

되새김

영적인 지도자들의 비방은 백성들의 원망보다 더 큰 영향력을 가지고 있습니다. 곧 조기에 하나님께서 이처럼 사건을 매듭짓게 하신 것은 이 일이 지속되어질 때의 영향력을 감안하신 것입니다. 영적인 사역자들은 자신의 부르심을 더욱 명백히 하여야 할 것이며 더욱 근신하여 서로를 섬기기 위해서 힘써야 할 것입니다. 결국 영적인 지도자의 다툼은 믿음의 전진을 지체할 뿐인 것입니다.

PART

14

가데스 바네아의 반역
13장1~14장45절

Key Point

이번 과에서는 가나안 정탐과 가데스 바네아의 반역을 전합니다. 하나님께서 주신 약속
의 땅을 정탐한 자들의 악평으로 이스라엘 자손들은 믿음을 잃고 그들에게 주어진 축복
을 잃어버리게 되었습니다. 믿음을 갖지 못하는 자는 이처럼 자신에게 주어진 축복을 잃
어버리게 되는 것입니다. 40년의 광야 생활은 결국 하나님의 훈련의 기간이 아니라 근본
적으로는 그들의 불신앙으로 말미암은 것입니다.

　　다베라에서부터 싹트기 시작했던 불평은 기브롯 핫다아와와 하세롯을 지나 가데스 바네아에서 그 위험 수위를 마침내 넘고 맙니다. 상황에 대한 불평스러움은 지도자에 대한 불평을 넘어 하나님의 약속에 대한 불평으로 곧 하나님 자신께 향한 불평이 되고 만 것입니다. 욕심이 잉태하여 죄를 낳고 죄가 장성하여 사망을 낳듯이 이제 불평은 자신들에게 약속되어진 하나님의 기업까지 상실케 하는 것입니다.

　　가데스 바네아의 사건은 결국 이스라엘로 구세대가 되고, 다만 출애굽 세대가 되게 합니다. 또한 지도자들의 불신앙이 얼마나 무서운 것인가를 다시금 살필 수 있습니다.

■ 민수기 13장1–14장45절의 구조적 이해

　　민 13:1-16: 정탐군의 선발

　　민 13:17-24: 정탐군의 활동

　　민 13:25-33: 정탐군의 보고

　　민 14:1-10: 이스라엘 회중의 실망

　　민 14:11-19: 모세의 중보기도

　　민 14:20-38: 가데스 바네아 불평의 결과

　　민 14:39-45: 호르마 패배

No	불신앙적 사건들	본문
1	다베라 사건	민 11:1-3
2	기브롯 핫다아와 사건	민 11:4-35
3	미리암과 아론의 모세 비방 사건 (하세롯 사건)	민 12:1-16
4	**가데스 바네아의 반역**	**민 13:1-38**
5	**호르마의 패배**	**민 14:39-45**
6	고라당의 반역	민 16:1-40
7	온 회중의 반역	민 16:41-50
8	므리바 물 사건	민 20:2-13
9	불뱀과 놋뱀 사건	민 21:4-9
10	바알 브올 음행 사건	민 25:1-18

1. 모세가 가나안 땅을 탐지하기 위해서 보낸 사람들은 누구입니까?(1-16절)

  각 지파에서 지휘관된 자 한 사람씩으로,

  르우벤 지파에서는 삭굴의 아들 삼무아
  시므온 지파에서는 호리의 아들 사밧
  유다 지파에서는 여분네의 아들 갈렙
  잇사갈 지파에서는 요셉의 아들 이갈
  에브라임 지파에서는 눈의 아들 호세아

베냐민 지파에서는 라부의 아들 발디

스불론 지파에서는 소디의 아들 갓디엘

므낫세 지파에서는 수시의 아들 갓디

단 지파에서는 그말리의 아들 암미엘

아셀 지파에서는 미가엘의 아들 스둘

납달리 지파에서는 웝시의 아들 나비

갓 지파에서는 마기의 아들 그우엘입니다.

곧 정탐군들은 믿음의 지도자들이었습니다. 모세는 눈의 아들 호세아를 여호수아라 칭하였습니다. 호세아는 '구원'이라는 말이나 여호수아는 '여호와는 구원이시다'라는 의미로 구원의 주체가 누구인지를 밝히는 것입니다. 신약의 주님의 이름인 '예수'는 바로 구약의 여호수아 이름의 헬라어 음역입니다. 여호수아와 예수는 같은 이름입니다.

2. 모세가 탐지하라 한 내용은 무엇입니까?(17-20절)

모세는 가나안 땅을 정탐하러 그들을 보내며 이르기를

"너희는 네겝 길로 행하여 산지로 올라가서 그 땅이 어떠한지 정탐하라 곧 그 땅 거민이 강한지 약한지 많은지 적은지와 그들이 사는 땅이 좋은지 나쁜지와 사는 성읍이 진영인지 산성인지와 토지가 비옥한지 메마른지 나무가 있는지 없는지를 탐지하라 담대하라 또 그 땅의 실과를 가져오라"(17-20절)

고 하였습니다. 그 때는 포도가 처음 익을 즈음이었습니다. 민수기 13장1-2절에서는 하나님께서 이 정탐꾼들을 보내신 것으로 보이나 신명기 1장19-33절의 말씀을 살피면 이 일이 이스라엘의 요구에 하나님께서 허락하신 일임을 알 수 있습니다. 비록 하나님께서 허락하셨다고 할지라도 이 일이 본래적인 하나님의 뜻이 아님을 알고 우리는 합리적인 사람의 생각을 하나님의 뜻에 앞세우지 않도록 주의하여야 합니다.

3. 정탐꾼들의 여정을 살펴봅시다(21-24절).

정탐꾼들은 땅을 정탐하되 신광야에서부터 하맛 어귀 르홉에 이르렀고 또 네겝으로 올라가서 헤브론에 이르렀습니다. 헤브론은 애굽 소안보다 칠 년 전에 세운 곳이며 그곳에는 아낙 자손 아히만과 세새와 달매가 있었습니다. 또 에스골 골짜기에 이르러 거기서 포도송이가 달린 가지를 베어 둘이 막대기에 꿰어 메고 또 석류와 무화과를 땄습니다. 이스라엘 자손이 거기서 포도송이를 벤 고로 그곳을 에스골 골짜기라 칭하였습니다. 에스골 골짜기는 '포도송이의 골짜기'라는 뜻입니다.

4. 정탐꾼들의 보고를 살펴봅시다(25-29절).

정탐꾼들은 40일 동안 땅을 탐지하기를 마치고 돌아와 바란 광야 가데스에 이르러 모세와 아론과 이스라엘 자손의 온 회중에게 나아와 그들에게 보고하고 그 땅의 과일을 보였습니다. 그들은 모세에게 보고하기를

"당신이 우리를 보낸 땅에 간즉 과연 그 땅에 젖과 꿀이 흐르는데 이것은 그 땅의 과일이니이다. 그러나 그 땅 거주민은 강하고 성읍은 견고하고 심히 클 뿐 아니라 거기서 아낙 자손을 보았으며 아말렉인은 남방 땅에 거주하고 헷인과 여부스인과 아모리인은 산지에 거주하고 가나안인은 해변과 요단 가에 거하더이다"(27-29절)

라고 말하였습니다.

5. 갈렙과 다른 정탐꾼들의 보고는 어떻게 달랐습니까?(30-33절)

갈렙은 모세 앞에서 백성을 조용하게 하고 우리가 곧 올라가서 그 땅을 취하자 능히 이기리라고 말하였지만 다른 정탐꾼들은 "우리는 능히 올라가서 그 백성을 치지 못하리라 그들은 우리보다 강하니라"고 말하였으며 이스라엘 자손 앞에서 그 탐지한 땅을 악평하며

"우리가 두루 다니며 정탐한 땅은 그 거주민을 삼키는 땅이요 거기서 본 모든 백성은 신장이 장대한 자들이며 거기서 또 네피림 후손 아낙 자손의 거인들을 보았나니 우리는 스스로 보기에도 메뚜기 같으니 그들의 보기에도 그와 같았을 것이니라"(31-33절)

고 하였습니다.

6. 백성들의 원망을 살펴봅시다(14장1-3절).

온 회중이 소리를 높여 부르짖으며 밤새도록 백성이 통곡하였습니다. 이스라엘 자손이 다 모세와 아론을 원망하며 온 회중이 그들에게 말하기를

"우리가 애굽 땅에서 죽었거나 이 광야에서 죽었으면 좋았을 것을 어찌하여 여호와가 우리를 그 땅으로 인도하여 칼에 쓰러지게 하려 하는고 우리 처자가 사로잡히리니 애굽으로 돌아가는 것이 낫지 아니하랴"(2-3절)

고 하였습니다.

7. 백성들의 반역을 살펴봅시다(4-10절).

백성들은 서로 말하기를 우리가 한 지휘관을 세우고 애굽으로 돌아가자 하였습니다. 이에 모세와 아론이 이스라엘 자손의 온 회중 앞에서 엎드렸습니다. 이에 그 땅을 탐지한 자 중 눈의 아들 여호수아와 여분네의 아들 갈렙은 옷을 찢고 이스라엘 자손의 온 회중에게 말하기를

"우리가 두루 다니며 정탐한 땅은 심히 아름다운 땅이라 여호와께서 우리를 기뻐하시면 우리를 그 땅으로 인도하여 들이시고 그 땅을 우리에게 주시리라 이는 과연 젖과 꿀이 흐르는 땅이니라 다만 여호와를 거역하지 말라 또 그 땅 백성을 두려워하지 말라 그들은 우리 먹이라 그들

의 보호자는 그들에게서 떠났고 여호와는 우리와 함께 하시느니라 그들을 두려워하지 말라"(7-9절)

하였으나 온 회중이 그들을 돌로 치려하는 동시에 여호와의 영광이 회막에서 이스라엘 모든 자손에게 나타났습니다.

8. 하나님의 진노하심과 모세의 중보와 하나님의 사유하심을 살펴봅시다 (11-20절).

이스라엘의 반역에(14:1-10) 하나님께서 진노하시나(14:11-12) 모세의 중보로(14:13-19) 하나님의 사유하심(14:20)이 이어집니다. 모세는 자신의 위기에 대한 어떠한 언급도 없이 하나님께서 이스라엘 가운데 나타내신 언약과 하나님의 영광과 그 인자하심에 근거하여 백성들을 위하여 중보하였습니다.

9. 하나님의 징계를 살펴봅시다(21-38절).

온 이스라엘의 심판을 사유하신 하나님께서는 그러나 이스라엘의 반역을 묵과하지 않으셨습니다. 곧 하나님의 말씀에 청종치 않은 자들은 약속의 땅에 들어가지 못하게 하셨습니다. 오직 갈렙은 그 마음이 다른 사람들과 달라 하나님을 온전히 좇았으므로 그 땅을 약속함을 받으나 나머지 백성들 중에 20세 이상으로 계수함을 입은 원망한 자들은 탐지한 날 수 40일의 하루를 1년 삼아 40년 동안 광야에서 방황해야 했으며 더 나아가 그들은 약속의 땅으로 들어가지 못하고 광야에서 죽임을 당하여야 했습니다. 즉각적인 심판으로서 악평을 한 정탐군들 10명은 하나님 앞에서 죽임을 당하였고 백성들은 돌이켜 홍해 길로 향하여 광야로 들어가게 되었습니다(25절).

10. 이스라엘의 잘못된 회개의 모습을 살펴봅시다(39-45절).

하나님의 말씀을 전해 받은 이스라엘 백성들은 크게 슬퍼하며 회개하였으나 그들의 회개는 잘못된 회개였습니다. 이스라엘 자손들은 아침에 일찍이 일어나 하나님께서 허락하지 않으신 산꼭대기로 올라가 처음 하나님께서 약속하신 땅을 차지하려 하였습니다. 하나님께서는 아말렉인과 가나안인이 있는 골짜기에서 돌이켜 홍해 길을 따라 광야로 들어가라고 말씀하셨으나(민 14:25) 이스라엘 백성들은 다시 불순종하여 산꼭대기로 올라간 것입니다. 그들은 결국 아말렉인과 가나안인에게 패하여 호르마까지 이르게 되었습니다.

민수기의 전반부는 출애굽 세대가 주축이 됩니다. 그들은 시내 광야를 떠나기 전에 준비되어 믿음의 여정을 떠났으나 결국 13-14장의 가데스 바네아의 불신앙으로 그들이 주축이 된 이야기는 막을 내리게 됩니다. 민수기 1장1-10장10절까지는 그들이 준비되어진 이야기이며, 민수기 10장11-14장까지는 그들의 짧은 광야에서의 실패의 이야기를 담고 있습니다. 이제 이들의 이야기는 막을 내리고 시간의 단절과 함께 새로운 세대인 광야 세대가 주축이 된 이야기가 시작됩니다.

묵상

01 서로 다른 눈을 가진 정탐꾼들의 문제는 무엇이었습니까?
    오늘 나는 어떠한 믿음의 눈을 가지고 살아가고 있습니까?

02 모세의 중보로부터 얻을 수 있는 교훈은 무엇입니까?

03 이스라엘의 가데스 바네아의 반역이 우리들에게 주는 교훈은 무엇입니까?

되새김

믿음은 시련의 기간을 짧게 만들고 하나님의 약속된 축복을 얻게 합니다. 그러나 불신앙은 하나님의 축복을 무가치하게 여기며 하나님을 업신여기는 것입니다. 불신앙을 가진 사람들이 모두 광야에서 죽고 가나안 땅에 들어가지 못한 것은 오늘날 우리들에게 하나님께서 우리들에게 주시는 축복을 믿지 못하고 믿음의 눈을 가지지 못한 자는 결국 하나님의 나라를 기업으로 받을 수 없음을 가르치시는 것입니다.

민수기

제3부

광야 38년
(15장-19장)

PART

15

가나안에서 지킬 규례
15장1~41절

Key Point

15장과 14장은 시간적으로 약 38년의 흐름의 간격이 있습니다. 말씀의 대상도 가나안 입성을 허락받지 못한 구세대가 아닌 가나안 입성이 허락된 새세대를 향한 것입니다. 여러 가지 규례는 이러한 가나안 입성을 약속하며 이러한 규례들을 통해서 이스라엘 자손들은 약속된 땅에 대한 소망을 가지게 되었습니다.

본문 이해

　14장과 15장의 시간적 간격은 38년입니다. 보다 정확하고 엄밀하게 말하자면 15장은 이전 세대인 출애굽 세대와 이후 세대인 광야 세대가 함께 살아가는 광야 38년 안에 있는 말씀입니다. 그러나 이 말씀은 출애굽 세대가 아닌 광야 세대를 전제로 하신 말씀인 것을 주목해 보아야 합니다. 출애굽 2년 2월20일에 시내 광야를 떠나 가데스 바네아에 이른 이스라엘의 시간은 광야 38년의 속에 묻히고 다시 시간의 흐름을 기다려야 했습니다(민 20:1).

　가데스 바네아의 반역이라는 13-14장이 실패의 장이라면 15장은 새로운 희망을 제시합니다[13]. 성경은 실패를 보이나 실패로 끝이 나지 않습니다. 창세기는 창조로 시작하여 야곱의 죽음으로 끝이나나 출애굽기 말씀을 통해서 구원의 새로운 시작을 제시합니다. 실패는 하나님의 구원 여정의 배경이 됩니다. 실패는 사람의 이야기이나 구원은 하나님의 이야기입니다. 민수기 15장은 약속의 땅에 들어가게 될 광야 세대가 기업으로 받을 약속의 땅에서 어떻게 행하여야 하는지에 관하여 가르칩니다.

---

13) 정중호, 『민수기 Ⅱ』, 52쪽.

15장은 민수기의 제3부의 시작이 됩니다. 민수기의 제3부는 15장에서 19장까지입니다. 하나님께서 구체적으로 이스라엘을 이끄사 그들을 가데스로 이끄시기 전까지(민 20:1), 시간적으로 광야 38년 동안에 있었던 많은 사건들에 관하여는 침묵하시고 다만 몇몇 이야기와 가르침만을 전하십니다.

■ 민수기 15장의 구조적 이해

　　민 15:1-16: 소제와 전제의 규례

　　민 15:17-21: 거제의 규례

　　민 15:22-31: 속죄제 규례

　　민 15:32-36: 안식일을 범한 자의 규례

　　민 15:37-41: 옷 단 술에 관한 규례

1. 소제와 전제의 규례가 주는 교훈은 무엇입니까?(1-16절)

첫째, 가장 근본적으로 본 단락에서 소제와 전제에 대한 규례는 단순히 제사의 한 규례로서의 의미를 전하기 전에 하나님께서 그의 백성들을 반드시 약속의 땅 가나안으로 이끄실 것을 약속하시는 것입니다. 소제와 전제는 농사물에 의한 것으로 하나님께서 정하신 때가 되면 이스라엘 백성들이 40년의 광야의 생활을 마치고 마침내 약속의 땅으로 들어가게 된다는 것을 가르치는 의미를 가지는 것입니다.

둘째, 독립적으로 드려지지 않고 다른 제사와 함께 드려지는 소제와

133

전제에 대한 규례를 통해서 이스라엘의 회복은 바로 예배의 회복임을 다시 한 번 가르칩니다. 가데스 바네아의 반역으로 인해 가나안 땅의 입성이 거절되었으나 그 거절은 영원한 거절이 아닙니다. 하나님의 약속은 상실되지 않았고 그들의 죄로 말미암아 잠시 연기된 것입니다. 그러나 가장 중요한 것은 그들이 예배 공동체로서 여전히 하나님과 교제하고 있다는 것입니다. 이는 이스라엘 공동체의 자기 정체성으로서 가장 중요한 것이며 그들의 무너진 신앙 공동체로서의 회복에 있어 가장 시급하게 요구되는 것입니다.

셋째, 소제와 전제의 규례는 앞선 레위기의 소제와 전제에 대한 규정의 반복과 첨가적인 역할을 합니다(참고: 레위기 1-7장).

넷째, 제물에 따른 소제와 전제의 양의 차이는 제물에 따라 달라짐을 보여줌으로 예물은 예배자의 능력에 따라 드려짐 교훈합니다. 이에 대한 것을 도표로 정리하면 다음과 같습니다.

제물	소제의 양	전제의 양
어린양 어린 염소	고운가루 1/10 에바 기름 1/4 힌	포도주 1/4 힌
수양	고운가루 2/10 에바 기름 1/3 힌	포도주 1/3 힌
수송아지	고운가루 3/10 에바 기름 1/2 힌	포도주 1/2 힌

마지막으로, 소제와 전제 즉 예배에 대한 규례와 더불어 본토 소생이나 우거하는 타국인에 대한 규례가 차별 없이 동일함은 이스라엘 공동체가 폐쇄적인 혈연 공동체가 아닌 예배를 중심으로 한 신앙 공동체임을 밝히는 것입니다(15:13-16).

2. 거제에 대한 규례가 주는 교훈은 무엇입니까?(17-21절)

본 단락에서 거제의 규례가 주는 교훈은 앞선 소제와 전제에 대한 규례와 연속성을 가집니다. 곧 하나님께서 이스라엘 백성들을 가나안 땅으로 인도하여 들이실 것이며 그들은 처음 익은 곡식 가루 떡을 거제로 하나님께 드림으로 말미암아 하나님께 감사와 영광을 돌리는 것입니다. 이는 하나님께서 이스라엘 백성들을 가나안 땅으로 들이실 것에 대한 약속이며 그 땅에서 풍성한 결실을 맺게 하실 것에 대한 약속이기도 한 것입니다.

3. 부지중에 지은 죄를 속하는 제사에 대한 규례가 주는 교훈은 무엇입니까?(22-31절)

첫째, 가나안 땅에 대한 약속과 함께 하나님께서는 비록 부지중에 지은 죄라도 결코 용서하시지 않으심을 부지중에 지은 죄에 대한 속죄에 대한 가르침에서 일깨우시는 것입니다. 이 세상의 땅으로서의 가나안 땅은 영원한 약속의 하늘 도성을 위한 예표일 뿐 여전히 그들이 광야에서 방랑하였듯이 이 세상은 나그네 인생일 뿐입니다. 이 세상에 사는 날 동안은 여전히 죄에 노출되어있음을 알고 하나님 앞에 범죄치 않기 위하여 힘써야 할 것이며 부지중에 지은 죄도 용서받을 수 없음을 알고 오직 속죄의 길로 내신 예수 그리스도로 말미암은 정결함을 입어야 할 것입니다.

둘째, 회중의 죄와 개인의 죄에 대한 언급에서 제물의 차이는 회중의 죄가 더 크게 하나님 앞에 다루어진다는 것을 깨닫게 합니다(15:24-28). 우리는 이 땅에 사는 날 동안 개인의 죄에 대한 허물 없음을 통해서 안전하게 생각해서는 안될 것입니다. 하나님께서는 우리 각자의 죄를 물으실 뿐만 아니라 그리스도의 몸된 우리 믿음의 공동체의 죄를 함께 보시는 것입니다.

셋째, 본토 소생과 타국인에 대한 동일한 규례가 선포되어짐은 다시 한 번 이들 또한 믿음의 공동체로서 하나된 자들로서 이들은 하나님 앞에 나아갈 수 있는 권리와 그에 따른 책임에 있어서도 동일함을 가르칩니다(15:29-31).

4. 안식일을 범한 자의 처형이 주는 교훈은 무엇입니까?(32-36절)

이는 앞선 부지중에 지은 죄에 대한 가르침에 대한 한 예로서 하나님의 말씀을 고의적으로 지은 자에 대한 처형을 보여줌으로써 하나님께 향하여 고의적이며 자의적인 죄에 대한 심판을 보여줍니다. 하나님께서는 비록 우리들의 연약함을 인정하시고 긍휼을 베푸시기도 하시지만 우리들의 죄를 묵과하시지는 않으십니다. 이 안식일에 대한 규례는 대표적인 것으로 믿음의 법칙이 세상의 관점에서는 아무 것도 아닌 것처럼 보일지라도 우리는 우리들의 삶의 가치관을 하나님의 영원한 기업과 그 약속과 관계 없는 저 세상 사람들의 가치관으로 살아서는 안 될 것입니다[14].

5. 옷단 술과 청색 끈에 대한 규례가 주는 교훈은 무엇입니까?(37-41절)

이스라엘 자손들은 대대로 그 옷단 귀에 술을 만들고 청색 끈을 그 귀의 술에 더하였습니다. 고대 근동에서 옷단 귀에 술을 만드는 것은 높은 신분을 나타내는 표시입니다[15]. 이 술은 여호와의 모든 계명을 기억하여 준행하고 방종케 하는 자기의 마음과 눈의 욕심을 좇지 않게 함으로 하나님의 모든 계명을 기억하고 준행하여 하나님 앞에 거룩하게 하기 위함입니다. 술은 그 사람의 신분을 증거하며, 이 술에 더한 청색 끈은 제사장 신분을 표시하는 것으로 이는 거룩에 대한 요구가 되는 것입니다. 곧 이 술에 대한 규례는 이스라엘로 하여금 그들의 삶 속에서 항상 하나님의 말씀 가운데 서서 그의 거룩한 공동체가 되게 하시기 위함인 것입니다.

---

14) 비고의적 죄에 고의적 죄의 속죄에 대한 가르침은 본 시리즈의 『레위기』5과를 참고 바랍니다.

15) 정중호, 『민수기 II』, 62쪽.

묵상

01 오늘날 새로운 세대로서 우리들에게 주어진 말씀은 무엇입니까?

02 예배 공동체, 신앙 공동체로서 우리 교회 공동체를 진단하여 봅시다.

03 옷 단에 술을 달았던 이스라엘을 보며 우리는 이것을 어떻게 적용할 수 있을까요?

되새김

오늘날 우리들은 모두 새로운 세대로서 살아갑니다. 그러나 구세대에게나 새로운 세대에게나 하나님께서 원하시는 것은 동일한 것입니다. 구세대의 불순종과 그들의 몰락은 새로운 세대에게 믿음의 경종이 됩니다. 가나안에 대한 약속과 함께 주어진 규례들을 통해서 새로운 세대로서 어떻게 살아야 하는가를 말씀으로 통해 깨달아야 합니다.

16

고라의 반역
16장 1~50절

Key Point

새로운 세대에게 가나안 땅에 대한 하나님의 약속이 있었음에도 불구하고 고라와 그에 동조한 사람들에 의해서 조직적인 반역이 일어나게 됩니다. 이는 모세와 아론에 대한 종교적이고 정치적인 거슬림으로 이것은 비단 모세와 아론에 대한 반역을 넘어 하나님의 통치에 대한 반역이며 하나님의 약속과 축복에 대한 거절인 것입니다.

본문 이해

15장의 새로운 세대를 향한 약속의 말씀은 이스라엘에 대한 새로운 기대를 하게 됩니다. 그러나 하나님의 은혜가 '마라'와 '다베라'에서 그렇게 빠르게 메말랐듯이(출 16장, 민 11장) 새로운 세대에 대한 15장의 기대는 16장 고라의 반역으로 산산조각이 납니다. 구원은 오로지 하나님의 자비와 긍휼하심으로 말미암은 것임을 다시금 확인할 수 있을 뿐입니다. 고라당의 반역에 대한 이야기는 그들에 대한 하나님의 심판과 17장의 아론의 싹난 지팡이의 교훈으로 매듭됩니다.

고라당 사건의 두려움은 하나님의 진노가 얼마나 크게 나타났는가 하는 것입니다. 가데스 바네아의 반역으로 말미암아 한 세대를 광야에서 죽게 하심으로 하나님의 심판이 오랜 세월 동안 천천히 이루어졌다면 고라당 사건은 즉각적인 심판으로 고라와 그에게 속한 자들에게, 250인의 지휘관들에게, 백성들에게 나타났습니다.

■ 민수기 16장의 구조적 이해

　　민 16:1-3: 고라당의 반역
　　민 16:4-7: 반역에 대한 모세의 태도
　　민 16:8-11: 고라에 대한 모세의 책망
　　민 16:12-14: 다단과 아비람의 거역

민 16:15-19: 고라당과 아론의 향로

민 16:20-35: 반역의 처벌

민 16:36-40: 반역자들의 향로 처리

민 16:41-50: 백성들의 반역과 염병의 처벌

No	불신앙적 사건들	본문
1	다베라 사건	민 11:1-3
2	기브롯 핫다아와 사건	민 11:4-35
3	미리암과 아론의 모세 비방 사건 (하세롯 사건)	민 12:1-16
4	가데스 바네아의 반역	민 13:1-38
5	호르마의 패배	민 14:39-45
6	**고라당의 반역**	**민 16:1-40**
7	**온 회중의 반역**	**민 16:41-50**
8	므리바 물 사건	민 20:2-13
9	불뱀과 놋뱀 사건	민 21:4-9
10	바알 브올 음행 사건	민 25:1-18

1. 반역의 주체들에 대해서 살펴봅시다(1-2절).

레위의 증손 고핫의 손자 이스할의 아들 고라와 르우벤 자손 엘리압의 아들 다단과 아비람과 헤렛의 아들 온이 당을 짓고 이스라엘 자손 총회에 택함을 받은 자 지휘관 250인이 함께 일어나 모세를 거스렸습니다. 고라는 모세가 고핫의 손자이며 아므람의 아들임을 감안할 때에 모세의 친사촌으로서 모세와 같이 자신도 마땅히 지도자로서 자격이 있다고 여겼으며 엘리압의 후손들은 야곱의 장자의 지파로서 자신들에게 마땅한 명분과 권리가 있다고 생각하였습니다. 이전의 반역과 달리 고라의 반역은 조직적으로 이루어졌으며 또한 백성의 지도자들에 의한 반역이라는 데에 심각성이 있습니다.

2. 반역의 주체들의 주장은 무엇입니까?(3절)

그들은 모여서 모세와 아론을 거스리며 말하기를

"너희가 분수에 지나도다 회중이 다 각각 거룩하고 여호와께서도 그들 중에 계시거늘 너희가 어찌하여 여호와의 총회 위에 스스로 높이느냐"(3절)

라고 하였습니다. 마치 이들은 가룟 유다가 자신이 도적임에도 불구하고 마리아의 향유를 마땅히 가난한 자들에게 돌려야 한다고 자신의 의로움을 나타낸 바와 같이 모세와 아론의 교만함을 비난하고 회중의 거룩함을 주장하나 그들은 스스로 제사장 직분을 요구하며 백성의 지도자가 되기를 구하였던 것입니다.

3. 반역에 대한 모세의 태도를 살펴봅시다(4-7절).

모세는 자신의 지위와 권위를 가지고 반역자들의 거스름을 대적하지 않고 오히려 엎드리며 이 모든 일을 하나님께 맡깁니다. 처음부터 그의 권위는 하나님께로 말미암은 것이었으며 지금도 그 권위를 도전하는 자들에 대해서 다만 하나님께 맡기는 것입니다. 모세는 고라와 그 모든 무리들에게 아침에 향로를 취하여 여호와 앞에서 그 향로에 불을 담고 그 위에 향을 두면 그 때에 하나님께서 택하신 자가 거룩하게 될 것이라 하였습니다.

4. 고라에 대한 모세의 책망은 무엇입니까?(8-11절)

그러나 모세는 이 반역자의 무리들의 잘못을 명확히 지적하고 있습니다. 곧 그들은 레위인으로서 자신들의 직분을 작게 여기고 오히려 분수에 지나쳐 제사장 직분을 요구하였던 것입니다. 어느새 섬김의 직분을 권력으로 여기고 도리어 이를 탐하게 된 것입니다.

5. 엘리압의 아들 다단과 아비람의 호출 거부를 살펴봅시다(12-14절).

엘리압의 아들들의 반역은 고라의 반역에 동조하였으나 그 이유는 달랐습니다. 그들이 요구하는 것은 제사장직에 대한 것이 아니라 보다 정치적인 것에 있었습니다. 따라서 그들은 모세의 호출 자체를 거부하였으며 모세가 자신들을 향하여 스스로 왕이 되었다고 비난하였습니다.

6. 다단과 아비람의 비난에 대한 모세의 항변을 살펴봅시다(15절).

모세는 결코 자신의 지도자 됨에 있어서 백성에게 어떠한 물질을 취하지 않았고 그들을 해하지 않았음을 역설하였습니다.

7. 모세가 고라에게 명한 것은 무엇입니까?(16-19절).

모세는 다음날 아침에 아론과 고라와 더불어 고라의 250인이 함께 향로에 불을 담아 그 위에 향을 담아 회막 문 앞에 서게 하였습니다. 다음날 고라와 온 회중이 모세와 아론을 대적하려 할 때에 하나님의 영광이 회중에게 나타났습니다.

8. 고라의 반역에 대한 하나님의 심판을 살펴봅시다(20-35절).

온 회중에 대한 심판은 모세와 아론의 중보로 말미암아 용서가 되었으나 고라와 다단과 아비람의 모든 소속은 땅이 그 입을 열어 산 채로 스올에 빠졌습니다. 하나님께로부터 불이 나와서 분향하는 250인을 불살랐습니다.

9. 250인의 향로는 어떻게 되었습니까?(36-40절)

하나님께서는 모세에게 명하시기를 반역자들은 그들의 죄로 말미암아 심판을 받았으나 향로는 하나님께 드린 바가 되므로 엘르아살을 통해 그 불을 다른 곳에 쏟고 향로는 쳐서 제단을 싸는 철판을 만들어 이스라엘 자손에게 표가 되게 하였습니다. 이 철판은 이스라엘 자손에게 기념물이 되어 아론 자손이 아닌 외인은 여호와 앞에 분향하러 가까이 오지 못하게 하였으며 또 고라와 그 무리와 같이 되지 않게 하였습니다.

10. 백성들의 반역과 그 심판을 살펴봅시다(41-50절).

고라 일당의 반역과 그 심판에도 불구하고 백성들은 교훈을 얻지 못하고 오히려 모세와 아론을 원망하며 그들을 치려 할 때에 하나님의 영광이 나타나 온 회중을 심판하려 하셨습니다. 그러나 모세와 아론은 이를 중보하고 염병이 시작되었을 때에 아론이 제단의 불을 향로에 담아 그 위에 향을 피워 가지고 회중에게로 가서 그들을 위하여 속죄하고 죽은 자와 산 자 사이에 섰을 때에 염병은 그쳤습니다. 고라의 일로 죽은 자 외에 염병으로 죽은 자가 14700명이었습니다.

묵상

01 레위 자손들의 반역의 불만과 그 심판으로부터 얻을 수 있는 교훈은 무엇입니까?

02 엘리압 자손들의 반역의 불만과 그 심판으로부터 얻을 수 있는 교훈은 무엇입니까?

03 레위 자손과 엘리압 자손이 하나가 됨으로부터부터 얻을 수 있는 교훈은 무엇입니까?

되새김

이스라엘 백성들은 결코 40년의 광야 생활로 말미암아 훈련되지 않았습니다. 그들의 40년의 광야 생활은 훈련의 기간이 아닌 하나님의 심판의 기간이었으며 새로운 세대는 구세대와 전혀 다를 바가 없었습니다. 오직 하나님의 오래참으심과 용납하심, 그 은혜가 없이는 결코 그들은 약속의 땅을 기업으로 받을 수 없는 것입니다. 고라의 반역을 살피며 우리들은 끊임없이 하나님을 거슬리는 우리들의 삶을 돌아보아야 할 것입니다.

PART

17

아론의 싹난 지팡이
17장1~13절

Key Point

16장의 고라의 반역과 그 심판에 이어 하나님께서는 단지 저들을 심판하는 것으로 끝내지 않고 17장에서 실추된 아론의 권위를 세우시고 있습니다. 하나님께서 아론의 권위를 세우시는 것은 이스라엘 자손으로 하나님께 나아가지 못하게 하는 절망적인 것이 아니라 저들로 온전히 하나님의 공의와 사랑을 깨닫고 하나님과 바른 관계를 회복하시기 위함이신 것입니다.

고라당의 사건으로 하나님께서는 단지 그들을 심판하심으로 일을 매듭짓지 않으시고 제사장 아론의 권위를 바로 세우시는 일을 행하십니다. 문제를 단순히 해결하는 것이 아닌 건설적인 일을 행할 때에 문제는 도리어 기회가 됩니다. 곧 고라당의 사건의 새로운 매듭은 이스라엘의 성막의 증거궤 안에 들어가게 될 세 번째 물건을 얻게 합니다. 이로써 증거궤 안에 들어갈 세 가지 물건을 채우므로 믿음의 사람들이 가져야 할 하나님의 스피릿과 믿음과 신앙의 정신이 무엇인지를 알게 하십니다. 하나님께서 아론의 싹난 지팡이를 통해서 이루시고자 하시는 바를 깊이 있게 묵상할 수 있어야 할 것입니다.

서문에서 밝힌바 민수기의 일곱 가지 조언 중에 세 번째 조언은 이스라엘의 불평의 유형입니다.

이스라엘의 원망은 첫째, 그들의 환경에 관한 것이었습니다. 출애굽기의 마라와 신광야, 르비딤, 민수기의 다베라, 기브롯핫다아와, 므리바 등이 다 이에 해당합니다. 요셉은 자신의 환경을 불평하거나 원망하지 않았기에 애굽의 총리까지 이끌림을 받게 됩니다. 10년 동안 3천명의 군사와 함께 자신의 생명을 찾아 다녔던 사울로 통해서 다윗은 원망하거나 불평하지 않았습니다. 다윗 또한 그가 불평하고 원망하는 삶을 살았더라면 결코 유다와 이스라엘의 왕이 되지 못하였을 것입니다. 우리는 우리의 불평에 조심하여야 할 것입니다. 불평은 결코 작은 것을 잃는 것이 아닌 것입니다.

이스라엘의 원망은 둘째, 하나님의 약속에 있었습니다. 하나님께서는 가데스 바네아에서 약속의 땅을 보여주셨습니다. 그러나 이스라엘은 이를 불평하고 원망함으로 도리어 38년 동안 광야에 갇혀 결국 그곳에서 죽는 인생이 되고 말았습니다. 하나님의 약속은 누군가에 의해서 반드시 성취되어집니다. 그러나 우리는 그 약속과 성취의 문턱에서 좌절하는 자가 되어서는 안될 것입니다.

이스라엘의 원망은 셋째, 몸(지도자, 사람)에 관한 것이었습니다. 이스라엘은 아론과 모세에 관하여 대적하였습니다. 특별히 하나님께서는 이 몸을 세우심에 대한 절대적으로 리더쉽을 먼저 바로 세우시기를 원하셨습니다. 아론의 싹난 지팡이에는 이처럼 하나님께서 리더쉽의 권위를 바로 세우심과 더불어 그 깊이에 있는 몸에 대한 하나님의 열정과 사랑이 담겨 있는 것입니다.

■ 민수기 17장의 구조적 이해

민 17:1-7: 지파별 지팡이와 아론의 지팡이

민 17:8-11: 아론의 싹난 지팡이

민 17:12-13: 백성들의 두려움과 질문

1. 하나님께서 모세에게 명하신 바를 살펴봅시다(1-7절).

　하나님께서는 모세에게 명하시어 각 조상의 가문을 따라 지팡이 하나씩 취하되 열 둘을 취하고 그 지팡이에 각 지파의 지휘관들의 이름을 새겨 증거궤 앞에 두라 하셨습니다. 각 지파에 하나씩 곧 12이며 레위 지파를 지팡이에는 아론의 이름을 썼습니다.

2. 하나님께서 약속하신 이적과 그 목적은 무엇입니까?(5절)

　하나님께서 택하신 자의 지팡이에는 싹이 남으로 이것으로 이스라엘 자손이 모세와 아론을 대하여 원망하는 말을 그치게 하기 위함입니다.

3. 아론의 싹난 지팡이를 살펴봅시다(8-11절).

　이튿날 모세가 증거의 장막에 들어가 본즉 레위 집을 위하여 낸 아론의 지팡이에 움이 돋고 순이 나고 꽃이 피어서 살구열매가 열렸습니다. 모세가 그 지팡이 전부를 여호와 앞에서 이스라엘 모든 자손에게로 취하여 내매 그들이 보고 각각 자기 지팡이를 취하였습니다.

4. 하나님께서는 아론의 싹난 지팡이를 어떻게 보관케 하셨습니까?(10절)

　하나님께서는 모세에게 명하시어 아론의 지팡이는 증거궤 앞으로 도로 가져다가 거기 간직하여 반역한 자에 대한 표징이 되게 하여 그들로 하나님께 대한 원망을 그치고 죽지 않게 하셨습니다.

5. 이스라엘 자손들의 두려움을 살펴봅시다(12-13절).

하나님의 심판과 이어진 이적은 이스라엘 자손으로 하여금 두려움에 떨게 하였습니다. 하나님의 심판은 심판을 위한 것이 아니며 하나님의 이적 또한 그들 가운데 단지 두려움을 주기 위한 것이 아니었음에도 불구하고 저들은 온전히 자신들의 죄를 깨닫지 못하고 하나님의 은혜를 알지 못한 채 하나님과의 단절을 생각하며 절망하게 된 것입니다.

묵상

01　하나님께서는 어떻게 아론의 권위를 세우셨습니까?

02　하나님의 심판과 이적의 목적은 무엇입니까?

03　이스라엘의 원망을 살피며 우리의 불평과 원망에 관하여 진단하여 봅시다.

되새김

도전받은 권위는 단지 심판으로 통해서 회복되는 것이 아닙니다. 하나님께서는 아론의 권위를 초자연적인 이적을 통해서 바로 세우시어 다시는 그 권위에 도전받지 않게 하셨습니다. 몸의 권위를 바로 세우는 것은 단지 한 사람을 높이는 것이 아닌 공동체로 하여금 질서가 있게 하며 하나님과 바른 관계를 맺게 하는 것입니다.

PART

18

제사장과 레위인의
직무와 분깃
18장1~32절

Key Point

16장의 고라의 반역에 대한 심판과 17장 대제사장 아론의 권위를 바로 세우신 하나님께서는 더 나아가 제사장과 레위인의 직무와 분깃을 구분하십니다. 이러한 직무는 차별적인 의미가 아니라 바른 질서에 관한 것으로 공동체를 바로 세우시기 위함입니다. 곧 공동체의 질서는 권위를 바로 세우는 일과 각자의 직무와 분깃을 명확히 함으로 이루어질 수 있는 것입니다.

이미 앞서 5장에서 공동체의 정결함을 이루었던 이스라엘 공동체는 공동체를 세우기 위한 새로운 일을 행하게 됩니다. 그것은 제사장과 레위인들의 직무와 분깃을 분별하는 것입니다. 조직을 견고하게 하기 위해서, 싸움과 다툼이 없게 하기 위해서 분명한 선과 행정을 세워 나아가야 합니다. 앞선 장에서 아론의 싹난 지팡이를 통해서 아론의 권위와 더 나아가 이스라엘 공동체의 영적 리더쉽을 바로 세우셨던 하나님께서는 제사장과 레위인의 직무와 분깃을 명확하게 하심으로 공동체를 견고하게 세우게 하십니다.

■ 민수기 18장의 구조적 이해
　민 18:1-7: 제사장과 레위인의 직무
　민 18:8-20: 제사장의 몫
　민 18:21-24: 레위인의 몫
　민 18:25-32: 레위인의 예물

1. 제사장과 레위인의 직무를 살펴봅시다(1-7절).

1) 성소에 대한 죄와 제사장 직분에 대한 죄는 각각 누가 담당합니까?(1절)

성소에 대한 죄: 아론과 아론의 아들들, 레위인

제사장 직분에 대한 죄: 아론과 아론의 아들들

하나님께서는 하나님을 섬기는 자들에게 권위와 권리를 주셨을 뿐만 아니라 하나님의 일을 맡은 자로서의 그들의 책임을 부과하고 있는 것입니다. 특별히 성경은 그들의 맡은 일에 대한 책임을 '죄를 담당할 것이요'라고 독특한 말씀을 하시고 있습니다. 하나님께서 어떠한 일을 맡기실 때에 그에 대한 책임을 성실히 감당하지 않으면 정죄되는 것입니다.

2) 레위인의 직무와 제사장 직무를 구별하여 봅시다(2-7절).

성막 봉사 사역에 레위인이 동참되었으나 레위인의 직무는 제사장의 직무와 구분되었습니다. 그들은 아론과 그 아들들의 직무를 돕기는 하나 성소의 기구와 제단에는 가까이 못하였습니다. 제사장의 직무는 성소의 직무와 제단의 직무로서 거룩한 성소 안에서의 일과 번제단의 직무는 제사장의 고유 직무였습니다.

2. 제사장의 분깃에 관하여 살펴봅시다(8-20절).

제사장에게 돌려진 분깃으로서 첫째, 거제물(8절), 둘째, 지성물 중에 불사르지 않은 것(9절), 셋째, 소제와 속죄제와 속건 제물(9절), 넷째, 거제물과 요제물(11절), 다섯째, 하나님께 드리는 첫 소산 곧 제일 좋은 기름과 제일 좋은 포도주와 곡식(12절), 여섯째, 이스라엘 중에서 특별히 드린 모든 것(14절), 일곱째, 여호와께 드리는 모든 생물의 처음 나는 것입니다(15절).

처음 태어난 사람은 반드시 대속할 것이며 처음 태어난 부정한 짐승도 대속해야 합니다.

먼저 사람을 대속할 때에는 난 지 한 달 이후에 성소의 세겔을 따라 은 다섯 세겔로 대속합니다(한 세겔은 20게라임).

오직 처음 태어난 소나 양이나 염소는 대속하지 말며 그것들은 거룩한즉 그 피는 제단에 뿌리고 그 기름을 불살라 여호와께 향기로운 화제로 드리며 그 고기는 제사장에게 돌립니다.

3. 레위인의 분깃을 살펴봅시다(21-24절).
이스라엘의 십일조는 레위 자손에게 주어 그들의 분깃이 되었습니다. 하나님께서는 이스라엘의 십일조를 레위 자손에게 기업으로 주어서 그들이 하는 일 곧 회막에서 하는 일을 갚으셨습니다. 레위인들은 회막에서 봉사하며 자기들의 죄를 담당하였습니다.

4. 레위인에게 돌려진 십일조의 십일조를 살펴봅시다(25-32절).

레위인들은 이스라엘에게서 받은 십일조에서 다시 십일조를 떼어 가장 아름다운 부분을 하나님께 거제로 돌리고 이 드려진 것은 아론에게 드렸습니다. 하나님께서는 레위인들로 하여금 그들이 이스라엘의 십일조를 받음으로 그들의 하는 일을 갚으셨을 뿐만 아니라 그들 또한 다른 이스라엘 사람들과 같이 하나님을 섬기고 경배해하는 사람들임을 각인시키시는 것입니다.

묵 상

01 제사장의 직무와 레위인의 직무가 구분되어짐의 이유는 무엇입니까?

02 제사장의 분깃과 레위인의 분깃이 주는 교훈은 무엇입니까?

03 레위인의 십일조가 주는 교훈은 무엇입니까?

되새김

제사장과 레위인은 이스라엘 가운데 기업이 없었음은 그들의 기업은 하나님께 있었기 때문입니다. 그들의 구분된 직무와 분깃을 살피며 우리는 우리들이 행할 바를 구분하여야 하며 우리들 각자에게는 하나님의 약속된 기업이 있음을 깨달아야 할 것입니다.

19

붉은 암송아지와 잿물
19장1~22절

Key Point

16장 고라의 반역과 심판, 17장 아론의 싹난 지팡이를 통한 권위의 세우심, 18장 제사장과 레위인의 직무와 분깃을 통한 분담 등은 이제 19장에 이르러 최고조가 됩니다. 그들을 세우시고 바른 공동체의 관계를 정하심은 단지 공동체의 질서를 위한 것이 아닌 그들의 직분과 사역을 통해 예수 그리스도의 속죄 사역을 감당하며 이를 예표로 하기 때문입니다. 붉은 암송아지와 잿물을 통한 속죄 사역은 단지 그들을 주검의 부정으로부터 정결케 하는 것이 아닌 예수 그리스도의 속죄 사역을 예표하는 바 곧 죄의 삯인 죽음에서 건지시는 구속의 은총을 보여주시는 것입니다.

본문 이해

가데스 바네아의 반역은 약속의 상실이라는 큰 절망을 가지고 왔지만 15장 이하의 말씀은 새로운 약속을 주십니다. 비록 출애굽 세대는 가나안을 약속받지는 못하였지만 그들의 자녀들로 통해서 여전히 하나님의 약속은 유효한 것입니다. 그러나 광야 38년 동안 있었던 고라 사건(16장)은 이러한 기대조차 위험스럽게 합니다.

하나님께서는 이제 아론의 싹난 지팡이를 통해서 지도자의 권위를 회복시키시고, 레위인의 직무와 분깃을 통해서 공동체를 바로 잡으시고 더 나아가 붉은 암송아지로 만든 잿물로 통해서 백성들을 정화시키십니다. 소망은 사람에게 있는 것이 아닌 하나님께로 말미암은 것입니다. 오늘날 이제 예수 그리스도의 피는 우리들의 죄를 사하실 뿐만 아니라 죽은 행실에서 깨끗하게 하여 살아계신 하나님을 섬기게 하십니다.

"염소와 황소의 피와 및 암송아지의 재를 부정한 자에게 뿌려 그 육체를 정결하게 하여 거룩하게 하거든 하물며 영원하신 성령으로 말미암아 흠 없는 자기를 하나님께 드린 그리스도의 피가 어찌 너희 양심을 죽은 행실에서 깨끗하게 하고 살아 계신 하나님을 섬기게 하지 못하겠느냐"(히 9:13-14)

특별히 붉은 암송아지의 잿물이 주는 교훈 중 주목해야 할 바는 이 잿물을 만드는 과정에 제사장뿐만 아니라 평신도가 동참하며 더욱이 이 실행이 평신도에 의해서 이루어진다는 것입니다. 이는 서문에서 밝힌 다섯 번째 조언에 관한 것입니다. 나실인(6장), 옷단의 술과 청색끈(15장), 붉은 암송아지의 잿물의 실행(19장) 등 계속 이어지는 평신도에 대한 일깨움은 교회가 참되게 세워야 할 바에 관하여 알게 하십니다.

■ 민수기 19장의 구조적 이해

민 19:1-10: 정결의 잿물을 만드는 법

민 19:11-19: 정결의 잿물의 용례

민 19:20-22: 정결의 잿물을 등한시 하는 자에 관한 규례

1. 정결의 잿물을 만드는 법을 살펴봅시다(1-10절).

1) 붉은 암송아지에 관하여

정결의 잿물에 필요한 붉은 암송아지는 온전하여 흠이 없고 아직 멍에를 메지 아니한 붉은 암송아지입니다. 곧 여기에 붉은 암송아지는 예수 그리스도를 상징합니다. 죄가 없이 순결하시며 세속의 때가 묻지 않은 멍에 메지 아니한 예수 그리스도를 상징하는 것입니다. 제사장 엘르아살 앞과 진영 밖에서 도살되었짐은 신약의 영문 밖에 죽임을 당하신 예수 그리스도를 보여주시는 것입니다

"이는 죄를 위한 짐승의 피는 대제사장이 가지고 성소에 들어가고 그

육체는 영문 밖에서 불사름이라 그러므로 예수도 자기 피로써 백성을 거룩하게 하려고 성문 밖에서 고난을 받으셨느니라 그런즉 우리도 그의 치욕을 짊어지고 영문 밖으로 그에게 나아가자"(히 13:11-13)

2) 뿌려진 피에 관하여

제사장 엘르아살은 손가락에 그 피를 찍고 그 피를 회막 앞을 향하여 일곱 번 뿌렸습니다. 정결의 잿물을 만들기 위한 속죄의 사역을 위해서 피가 뿌려졌으며 특별히 7이라는 완전수와 회막 앞에가 의미하는 것이 정결함을 입을 죄가 완전하게 하나님 앞에서 속죄됨을 상징하는 것입니다.

3) 백향목과 우슬초, 홍색실에 관하여

정확한 의미는 알기 힘드나 백향목은 예수 그리스도의 십자가를, 우슬초는 죄인을 향한 하나님의 용서하심을, 홍색실은 예수 그리스도의 피를 통한 죄인을 향한 하나님의 사랑을 각각 의미함을 알 수 있습니다. 이와 같은 정결의식은 나병의 정결의식 등에서 살펴볼 수 있습니다 (레 14:4, 시 51:7, 사 1:18).

4) 암송아지의 재에 관하여

암송아지의 재는 붉은 암송아지와 백향목, 우슬초, 홍색실이 함께 태워진 것으로 이는 정한 자에 의해 거두어 진영 밖 정한 곳에 두어 이스라엘 회중을 위하여 간직하였다가 부정을 깨끗게 하는 물을 만드는데 사용되었습니다. 이로써 우리들은 늘 죄를 질 수 밖에 없는 연약한 인생임과 그럼에도 불구하고 날마다 용서를 베푸시는 하나님의 사랑을 엿볼 수 있습니다.

2. 시체로 인한 부정을 다루고 있는 이유는 무엇입니까?(11-13절)

많은 부정들 중에 특별히 시체로 인한 부정이 다루어지고 있는 것은 표면적으로 가데스 바네아의 저주로 말미암아 가나안 입성 전에 많은 사람이 죽음으로 인해 정결함을 위한 것이기도 하나 이는 단순히 외적인 정결함을 위한 위생상의 가르침이 아닌 정결 의식으로서 육신의 죽음이 예표하는 바 곧 자연적인 죽음이 아닌 죄의 삯으로서의 심판으로서의 죽음에 대한 하나님의 용서와 정결함을 다루고 있는 것입니다.

3. 잿물이 3일과 7일에 뿌려진 이유는 무엇입니까?(12절)

3일에 뿌려진 잿물은 부정케 된 자로 하여금 자신의 부정함을 깊이 인식케 하는 것으로 이는 죄를 깊이 있게 깨닫게 하는 율법적인 기능을 합니다. 그러나 제7일의 뿌림은 그 부정함이 깨끗케 됨을 선언함으로써 정결함을 입는 자는 이와같은 참회와 구원을 통해 하나님의 자녀가 됨을 보여주시는 것입니다.

4. 여러 형태의 주검으로 인한 부정과 그 교훈은 무엇입니까?(14-19절)

14절: 장막에서 사람이 죽었을 때에 즉, 시체를 직접 만지지 않았다 할지라도 다만 시체가 있는 곳에 출입하는 것만으로도 부정하다는 선언은 죄의 강한 오염도를 보여주시는 것입니다.

15절: 무릇 뚜껑을 열어 놓고 덮지 아니한 그릇도 부정함은 역시 주검의 냄새가 그 그릇에 들어갔음을 통해 죄의 강한 오염도를 보여주십니다.

16절: 주검에 대한 접촉, 더 나아가 무덤을 만진 자도 부정케 됨은 죄의 삯인 죽음에 대한 강한 오염도와 그 영향력을 보여주시는 것입니다.

5. 저녁에 정하여 지는 이유는 무엇입니까?(19절)

성경은 하루의 시작이 아침에 있지 않고 저녁에 있다고 봅니다. 따라서 한 날이 시작되는 그 밤에야 비로서 정결하게 되는 것입니다.

6. 부정한 자가 정결식을 등한히 하는 함에 대한 결과를 살펴봅시다(20-22절).

부정한 자가 정결식을 행하지 않았을 때에는 이는 여호와의 성소를 더럽힘으로 이스라엘 총회로부터 끊어지게 됩니다. 부정한 자가 정결하게 되어지는 유일한 길은 잿물의 뿌림을 받는 것이며 이는 죄인이 그 죄의 사함을 받는 것은 오직 예수 그리스도의 속죄의 피 밖에 없음을 보여주시는 것입니다.

묵 상

01   붉은 암송아지와 잿물을 통해 예수 그리스도의 모습을 살펴봅시다.

02   주검에 의한 오염을 살피며 죄의 영향력에 관하여 생각해 봅시다.

03   죄인이 용서함을 받을 수 있는 유일한 길은 무엇입니까?

되새김

죽음은 자연적인 현상이 아닌 죄의 삯으로 말미암은 것입니다. 인생의 죄악은 죽음으로 종결되어지며 아무런 소망도 없는 것입니다. 오직 붉은 암송아지와 잿물로 상징하는 바 예수 그리스도와 그의 대속의 피 흘리심으로 정결함을 입을 수 있는 것입니다. 아들이 있는 자에게는 생명이 있고 아들이 없는 자에게는 생명이 없음을 밝히는 복음은 이미 구약 구석구석에서 예표되어지는 것입니다. 우리는 내가 곧 길이요 진리요 생명이니 나로 말미암지 않고는 아버지께로 올 자가 없느니라고 선포하셨던 주님의 말씀을 온전히 깨달아야 할 것입니다.

민수기

제4부

가데스에서
모압 평지까지

(20장-25장)

가데스의 므리바 물
20장1~29절

Key Point

이스라엘은 38년간의 광야 방황의 시간을 마치고 드디어 가나안 입성을 위해 가데스로 돌아왔습니다. 미리암의 죽음은 약속의 땅을 허락받지 못한 모든 사람들의 죽음을 살펴볼 수 있으며 가데스에서의 다시 시작된 백성들의 원망은 여전히 연약한 인생의 모습을 보여줍니다. 하나님의 영광을 나타내지 못한 모세의 므리바의 물 사건과 모세와 아론의 가나안 입성 거절, 에돔 왕의 통행 거부, 아론의 죽음 등 모든 상황은 결국 하나님의 은혜가 필요함을 보여줍니다.

본문 이해

1-14장과 15-36장으로 나누어지는 출애굽 세대와 광야 세대의 말씀에서 20장은 이제 출애굽 세대를 대표하는 이들의 죽음을 보여줍니다. 민수기 20장은 모세의 누이가 되는 미리암의 죽음으로 시작하여 모세의 형이 되는 아론의 죽음으로 끝이 납니다. 이는 출애굽 세대의 지도자들의 죽음을 통해서 한 세대의 종식을 보여줍니다. 그러나 20장은 이러한 죽음만을 이야기하는 것이 아닌 다시 시작된 시간의 흐름을 통해서 이들의 여정이 계속됨을 알게 하십니다. 정체되었고 잊혀졌던 시간이 다시금 시작되었으며(민 20:1), 절망의 땅이었던 가데스는 다시금 희망의 땅이 되었습니다. 미리암과 아론의 죽음으로 끝이 나는 듯하지만 새로운 제사장인 엘르아살이 아론의 벗은 옷을 입음은 새로운 희망과 시작을 전하고 있는 것입니다. 민수기 20장은 마침과 종식이 아닌 새로운 시작을 알립니다.

민수기의 제4부는 38년만에 가데스로 돌아온 때로부터 모압 평지에 도착하여 싯딤에서 행한 바알 브올 음행 사건까지 다룬 20장에서 25장까지의 말씀입니다.

■ 민수기 20장의 구조적 이해

민 20:1: 미리암의 죽음

민 20:2-9: 가데스의 다툼

민 20:10-13: 므리바 사건

민 20:14-21: 에돔이 이스라엘 통과를 거절함

민 20:22-29: 아론의 죽음

No	불신앙적 사건들	본문
1	다베라 사건	민 11:1-3
2	기브롯 핫다아와 사건	민 11:4-35
3	미리암과 아론의 모세 비방 사건 (하세롯 사건)	민 12:1-16
4	가데스 바네아의 반역	민 13:1-38
5	호르마의 패배	민 14:39-45
6	고라당의 반역	민 16:1-40
7	온 회중의 반역	민 16:41-50
8	**므리바 물 사건**	**민 20:2-13**
9	불뱀과 놋뱀 사건	민 21:4-9
10	바알 브올 음행 사건	민 25:1-18

1. 미리암의 죽음을 살펴봅시다(1절).

광야의 생활이 끝나는 출애굽 40년 정월[16]에 이스라엘 제2세대, 광야 세대라 불릴 수 있는 이스라엘 온 회중이 신광야에 이르러서 가데스에 거하였습니다. 가데스 바네아에서 반역하여 38년동안 광야에서 방황하여야 했던 이스라엘은 다시 가데스로 돌아온 것입니다[17].

미리암이 다시 돌아온 가데스에서 죽어 그곳에서 장사되었습니다. 아론과 함께 모세의 권위에 도전했던 그녀는 결국 가나안 입성을 바로 앞에 두고 죽고 말았습니다(참고 민 33:36-39).

---

16) 첫째 달이 출애굽 몇 해의 첫째 달인지에 관하여서는 성경이 명확하게 제시하지 않았습니다. 그러므로 이 첫째 달에 대한 논쟁은 이 첫째 달이 출애굽 초기, 출애굽 3년 정월쯤으로 보는 견해가 있습니다. 정중호, 『민수기 II』, 150-151쪽. 그러나 민수기의 전체적인 구조 속에서 이러한 견해는 다소 무리가 있어 보입니다. 민수기 20장1절의 가데스에 '거주하다'는 '야샤브'라는 단어는 민수기 25장1절에 싯딤에 동일한 '야샤브'를 고려할 때에 이 단어 한 단어로 수 년 혹은 수 십년을 연상할 수는 없습니다. 20장에서 다시금 시간의 시작과 장소적인 이동은 이 정월이 출애굽 40년1월임을 암시합니다.

17) 민수기에서 가데스는 바란 광야의 가데스(민 12:16, 13:3,26)와 신광야의 가데스(20:1, 27:14) 두 군데로 나옵니다. 그러므로 이 곳이 같은 지명인지 다른 지명인지에 관한 논란이 있습니다. 이견이 있음을 전제하더라도 가데스라는 지명 자체는 이스라엘의 불신앙의 결과와 회복을 보여줍니다. 가데스는 절망의 장소이며 희망의 장소입니다. 바란 광야의 가데스와 신광야의 가데스를 같은 곳으로 여길 때에 이 곳은 바란 광야의 남쪽 경계선과 신 광야의 북쪽 경계선에 위치한 곳으로 여겨집니다. 정중호, 『민수기 II』149-150쪽. G. J. wenham, 『Numbers』(TOTC, Leicester: Intervarsity, 1981) p.150.

2. 가데스에서 백성들의 원망을 살펴봅시다(2-5절).

  백성들은 40년의 흐른 뒤에도 구세대와 전혀 다를 바가 없었습니다. 그들은 오히려 원망하기를 우리 형제들이 여호와 앞에서 죽을 때에 우리도 죽었더면 좋았을 뻔하였도다라고 하였습니다. 이로 보건대 이들이 가나안에 입성하게 된 것은 광야의 생활로 말미암아 이들이 훈련되었기 때문이 아니라 오직 하나님의 은혜와 긍휼함으로 말미암은 것입니다.

3. 백성들의 원망에 대한 하나님의 명하심은 무엇이었습니까?(7-9절)

  참으로 고난의 시간은 하나님의 영광과 그 은혜를 위한 준비된 시간입니다. 비록 백성들은 그들의 오랜 고난을 통해서 원망을 터트리고 말았으나 하나님께서는 이러한 그들을 책망하시지 않고 오히려 하나님의 은혜와 그 영광을 나타내시어 하나님 되심을 나타내시려 하셨습니다. 하나님께서는 모세에게 말씀하시기를

  "지팡이를 가지고 네 형 아론과 함께 회중을 모으고 그들의 목전에서 너희는 반석에게 명령하여 물을 내라 하라 네가 그 반석이 물을 내게 하여 회중과 그들의 짐승에게 마시게 할지니라"(8절)

  고 말씀하셨습니다. 이에 모세는 여호와의 앞에서 지팡이를 잡았습니다.

4. 므리바 물 사건의 모세의 실수를 살펴봅시다(10-13절).

모세와 아론이 총회를 그 반석 앞에 모으고 모세가 그들에게 말하기를 반역한 너희여 들으라 우리가 너희를 위하여 이 반석에서 물을 내랴 하며 혈기를 내며 그 손을 들어 그 지팡이로 반석을 두 번 쳤습니다. 이스라엘의 원망을 통해서 책망하시기 보다는 하나님의 영광을 나타내려 하셨던 하나님의 의도는 모세의 혈기로 말미암아 왜곡되었고 또한 하나님께서 단지 반석에게 명령하라는 명령은 모세가 반석을 지팡이로 두 번 침으로 다시 한 번 왜곡되었습니다. 하나님의 일을 하는 자가 혈기로 하는 것은 하나님의 거룩함을 나타내지 못하는 이유가 되며 하나님의 말씀에 온전한 순종을 하지 못했던 모세는 하나님의 말씀을 왜곡시켰으며 더 나아가 예수 그리스도를 예표하는 반석을 두 번 침은 그리스도의 한 번의 고난의 매 맞음을 왜곡시킴이 되었습니다. 이로 말미암아 모세와 아론은 가나안 입성이 거절되어지며 이 물은 은혜의 물이 아닌 므리바의 물(다툼의 물, 원망의 물)이라고 불리게 되었습니다.

민수기 13-14장 가데스 바네아의 반역은 백성들의 반역이었습니다. 다음으로 민수기 16-17장 고라당의 사건은 고라와 그에게 속한 사람들과 250명의 지휘관들에 의한 보다 지도자들에 의한 반역입니다. 마지막으로 20장의 모세와 아론의 처신은 보이지 않는 인간의 내면을 살피시는 하나님께서 그들을 정죄하시는 말씀이 됩니다. 이 또한 반역이 되는 것입니다. 하나님께서 행하시는 일의 쓰임을 받는 자가 도리어 주체가 되는 순간이었습니다. 통로가 아닌 근원이 되고자 하였습니다. 백성들은 하나님께서 보여주시고 약속하신 바를 불신하여 반역하였고, 고라와 지휘관들은 더 높은 지위를 탐함으로 반역하였고, 영적인 가장 높은 지도자들은 자신들이 통로가 아닌 근원됨으로 여김으로 반역하였던 것입니다.

5. 에돔 왕의 통해 거부를 살펴봅시다(14-21절).

모세는 가데스에서 에돔 왕에게 사자를 보내어 자신들이 에돔 땅을 통과하여 가나안으로 향할 수 있게 해 달라고 요청하였으나 거절당하였습니다. 이 거절로 이스라엘이 에돔과 다투지 않은 것은 에돔 땅은 하나님께서 주신 기업이 아니었으며, 에돔 땅은 하나님께서 에돔 그들에게 주신 기업이며, 더 직접적으로 그 백성과 다투지 말라는 하나님의 명령이 있었기 때문입니다(신 2:1-8).

6. 아론의 죽음과 엘르아살의 승계를 살펴봅시다(22-29절).

므리바의 물 사건으로 아론은 약속의 땅 가나안 땅 입성을 허락 받지 못하고 결국 출애굽 40년 5월1일에 호르산에서 죽게 되었습니다(민 33:38-39). 모세는 회중이 보는 앞에서 아론과 엘르아살과 함께 호르산에 올라습니다. 모세는 아론의 옷을 벗겨 그의 아들 엘르아살에게 입혔고 아론은 호르산 꼭대기에서 죽었습니다. 이스라엘 온 족속은 아론의 죽은 것을 보고 위하여 30일을 애곡하였습니다.

묵상

01 미리암과 아론에 관하여 나누어 봅시다.

02 모세와 아론이 가나안 땅을 약속받지 못한 므리바의 물 사건이 우리 교회에
    주는 교훈은 무엇입니까?

03 이스라엘과 에돔의 적대적인 관계를 역사 속에서 연구하여 봅시다.

되새김

광야 생활의 마지막임에도 불구하고 전혀 달리진 바가 없는 이스라엘의 모습은
반복되는 하나님의 심판에 대한 두려움까지 일게 합니다. 그러나 이러한 오랜 광
야 생활에 대해 하나님은 이스라엘에 인자를 베푸셨습니다. 모든 상황은 열약하
고 위기 가운데 있지만 우리들의 삶을 참으로 인도하시는 분은 오직 우리 하나님
이신 것을 기억하여야 할 것입니다.

PART

21

불뱀과 놋뱀
21장1~35절

Key Point

본문은 호르마 전투, 불뱀과 놋뱀 사건, 비스가 산 꼭대기까지의 여정, 아모리왕 시혼과 바산 왕 옥과의 전투로 이루어졌습니다. 호르마에서 외적으로 적을 무찌른 이스라엘은 불뱀과 놋뱀 사건으로 보여지는 바 내적인 불신앙의 적에 대해서는 참패를 당하고 맙니다. 많은 전쟁과 승리가 있지만 진정한 승리는 바로 신앙의 승리입니다. 진정한 승리와 축복은 바로 놋뱀을 바라보는 일, 즉 십자가의 예수 그리스도를 바라보는 일로 말미암는 것입니다.

본문 이해

 이미 가데스를 떠나 호르산에 머물렀던 이스라엘은 아론의 죽음을
애곡했던 30일이 지난 후에 그들의 여정을 계속하였습니다. 그들은 죽
음으로, 상처로, 아픔으로 결코 머물 수 없었습니다. 그들에게는 약속
된 땅이 있었기 때문입니다. 이스라엘은 마침내 약속의 땅인 가나안의
맞은편이 되는 모압 평지에 이르게 됩니다(민 22:1). 본 과에서는 호르
산을 떠난 이스라엘이 모압 평지에 이르기까지의 여정에 관하여 전합
니다. 하나님께서는 그들로 다시금 승리를 맛보게 하셨고(호르마), 이
스라엘은 다시금 불평하였고 심판을 받았으나 하나님의 치유와 승리는
계속되었습니다.

■ 민수기 21장의 구조적 이해
  민 21:1-3: 호르마의 정복(아랏의 정복)
  민 21:4-9: 불뱀과 놋뱀
  민 21:10-20: 호르산에서 모압 땅까지의 광야 여정
  민 21:21-32: 아모리 왕 시혼의 정복
  민 21:33-35: 바산 왕 옥의 정복

No	불신앙적 사건들	본문
1	다베라 사건	민 11:1-3
2	기브롯 핫다아와 사건	민 11:4-35
3	미리암과 아론의 모세 비방 사건 (하세롯 사건)	민 12:1-16
4	가데스 바네아의 반역	민 13:1-38
5	호르마의 패배	민 14:39-45
6	고라당의 반역	민 16:1-40
7	온 회중의 반역	민 16:41-50
8	므리바 물 사건	민 20:2-13
9	**불뱀과 놋뱀 사건**	**민 21:4-9**
10	바알 브올 음행 사건	민 25:1-18

1. 호르마에서의 승리를 살펴봅시다(1-3절).

가나안 네겝(남방)의 아랏의 왕이 이스라엘이 아다림 길로 온다함을 듣고 먼저 선제 공격을 해서 성공적으로 이스라엘 몇 사람을 사로잡았습니다. 그러나 이스라엘이 서원하여 하나님께서 이 백성을 이스라엘 손에 붙이시면 그 성읍을 다 멸할 것을 기도하였고 하나님께서 그 가나안 사람들을 이스라엘의 손에 붙이심으로 이스라엘 백성들이 그들과 그들의 성읍을 다 멸하였습니다. 이 곳의 이름이 '완전히 멸함'이란 뜻의 호르마가 됨은 이전의 호르마에서 치욕을 생각할 때에(민 14:45) 신앙의 역전의 모습을 보여주는 것이라 할 수 있습니다.

2. 호르마에서의 승리가 주는 교훈은 무엇입니까?

하나님께서는 본격적인 정복을 시작함에 있어서 이스라엘 백성들이 40년 광야 생활에서 처음으로 참패했던 호르마에서 첫 승리를 하게 하심으로 시작하셨습니다. 하나님께서는 이스라엘에게 있는 진정한 두려움인 실패에 대한 두려움을 씻으심으로 말미암아 그들의 믿음을 북돋우셨던 것입니다. 실패의 호르마가 승리의 호르마로 변화되었습니다. 우리들의 삶 속에서도 실패의 호르마가 승리의 호르마로 변화되어야 할 것입니다.

호르마의 교훈을 마음에 새겨야 합니다. 민수기 14장45절의 호르마와 민수기 21절의 호르마를 비교해 보아야 합니다. 첫째, 호르마는 실패를 성공으로 바꾸신 곳입니다. 하나님께서는 가나안 땅으로 향하는 이스라엘이 실패와 두려움으로 나아가는 것을 원치 않으셨습니다. 그러므로 그들이 실패하였던 호르마에서 승리하게 하셨던 것입니다. 둘째, 호르마는 전쟁의 승리가 사람이 아닌 하나님께 있음을 선언한 곳입니다. 이전의 호르마에서 패배할 수 밖에 없었던 것은 그들의 의지로 싸웠기 때문입니다. 그러나 이제 하나님께서 이기게 하셨을 때에 실패의 호르마는 승리의 호르마가 되었습니다. 믿음의 사람들은 하나님께서 승리케 하심을 붙들어야 합니다. 셋째, 호르마는 믿음의 여정의 어려움에 대한 하나님의 뜻을 보게 합니다. 그들은 잠시 어려움을 당면하게 되었지만 큰 승리를 거두었습니다. 인생의 어려움은 승리를 이끄시는 하나님의 또 다른 견인이 됩니다.

3. 불뱀과 놋뱀 사건을 살펴봅시다(4-9절).

원망의 이유(4절): 이미 38년 동안 광야에서 방황했던 이스라엘은 에돔의 거절로 지름길인 왕의 대로로 통과하지 못하고 광야의 길로 우회하여 나아가야 했기에 이로 인하여 마음이 상하여 원망하게 되었습니다.

원망의 대상과 내용(5절): 백성은 하나님과 모세를 원망하며 말하기를

"어찌하여 우리를 애굽에서 인도해 내어 이 광야에서 죽게 하는가 이곳에는 먹을 것도 없고 물도 없도다 우리 마음이 이 하찮은 음식을 싫어하노라"(5절)

고 하였습니다.

심판(6절): 하나님께서 불뱀을 백성 중에 보내어 백성을 물게 하시므로 이스라엘 백성 중에 죽은 자가 많았습니다.

회개과 중보(7절): 백성이 모세에게 말하기를 우리가 여호와와 당신을 향하여 원망함으로 범죄하였사오니 여호와께 기도하여 이 뱀들을 우리에게 떠나게 하소서라고 부르짖었고 모세는 그들을 위하여 기도하였습니다.

구원(8-9절): 하나님께서는 모세에게 불뱀을 만들어 장대 위에 달아 그것을 보는 자들은 살리라고 말씀하셨습니다. 이에 모세가 놋뱀을 만들어 장대 위에 달았고 뱀에게 물린 자마다 놋뱀을 쳐다본즉 살았습니다.

4. 비스가 산 꼭대기까지의 여정을 살펴봅시다(10-20절).

이 여정에 관하여서는 민수기 33장41-49절에 자세히 전합니다.

오봇-이예아바림-세렛 골짜기-아르논 건너편-브엘-맛다나-나할리엘-바못-비스가 산 꼭대기

이예아바림: 모압 앞쪽 해 돋는 쪽 광야

아르논 건너편: 아모리인의 영토에서 흘러 나와서 광야에 이른 아르논 강 건너편. 아르논은 모압과 아모리 사이에서 모압의 경계가 된 곳, 여호와의 전쟁기에 '수바의 와헙과 아르논 골짜기와 모든 골짜기의 비탈은 아르 고을을 향하여 기울어지고 모압의 경계에 닿았도다'라 함.

브엘: 여호와께서 모세에게 명령하시기를 백성을 모으라 내가 그들에게 물을 주리라 하시던 우물, 그 때에 이스라엘이 노래하여 '우물물아 솟아나라 너희는 것을 노래하라 이 우물은 지휘관들이 팠고 백성의 귀인들이 규와 지팡이로 판 것이로다'라 함

비스가 산 꼭대기: 모압 들에 있는 골짜기에 이르러 광야가 내려다 보이는 비스가 산 꼭대기

5. 아모리 왕 시혼의 정복을 살펴봅시다(21-26절).

이스라엘의 목적지는 요단 동편이 아닌 가나안 땅이기에 에돔에게 그리했듯이(민 20:14-21) 이스라엘은 아모리 왕에게 평화의 메시지를 보냈습니다. 그러나 아모리 왕 시혼이 이를 거절하고 이스라엘을 치러 광야로 나와 야하스에 이르렀습니다. 결국 이스라엘은 이들을 쳐서 파하고 그 땅을 아르논부터 얍복까지 점령하여 암몬 자손에게까지 미쳤습니다. 아르논은 모압의 북쪽 경계이며 얍복은 암몬의 남쪽 경계입니다. 이스라엘이 이같이 아모리인의 모든 성읍 헤스본과 그 모든 촌락에 거하게 되었습니다.

6. 승리의 노래에서 최후의 승자는 누구입니까?(27-30절)

본 노래는 '헤스본의 노래'라 불립니다. 이는 아모리 왕 시혼이 모압을 무너뜨린 찬양시이나 이 곳에 씌여짐은 이스라엘이 바로 시혼을 이겼기 때문입니다. 모압을 아모리가 정복하였으나 정복자 아모리를 이스라엘이 정복함으로 이 세상의 승자가 하나님과 이스라엘 백성임을 노래합니다. 시인의 노래는 한편으로는 아모리인의 모압에 대한 승리와(27-29절) 다른 한편으로는 그 승리자 되는 아모리인에 대한 이스라엘의 최후의 승리를 보여줍니다(30절).

"그러므로 시인이 읊어 이르되 너희는 헤스본으로 올지어다 시혼의 성을 세워 견고히 할지어다 헤스본에서 불이 나오며 시혼의 성에서 화염이 나와서 모압의 아르를 삼키며 아르논 높은 곳의 주인을 멸하였도다 모압아 네가 화를 당하였도다 그모스의 백성아 네가 멸망하였도다 그가 그의 아들들을 도망하게 하였고 그의 딸들을 아모리인의 왕 시혼의 포로가 되게 하였도다 우리가 그들을 쏘아서 헤스본을 디본까지 멸하였고 메드바에 가까운 노바까지 황폐하게 하였도다 하였더라"(27-30절)

7. 시혼 통치의 아모리 남왕국의 섬멸을 살펴봅시다(31-32절).

모세는 야셀을 정탐케 하고 그 촌락들을 취하고 그 곳에 있던 아모리 인들을 몰아냄으로 시혼 통치의 아모리 남왕국을 완전히 섬멸하였습니다.

8. 바산 왕 옥의 정복을 살펴봅시다(33-35절).

이스라엘이 돌이켜 바산 길로 올라갈 때에 바산 왕 옥이 그 백성을 다 거느리고 나와서 에드레이에서 이스라엘 백성과 싸우려 하매 하나님께서 모세에게 이르시기를

"그를 두려워하지 말라 내가 그와 그의 백성과 그의 땅을 네 손에 넘겼나니 너는 헤스본에 거주하던 아모리인의 왕 시혼에게 행한 것 같이 그에게도 행할지니라"(34절)

고 하셨습니다. 이에 결국 이스라엘은 이전에 아모리와 시혼에게 했던 바와 같이 바산 왕 옥에게도 행하여 그의 모든 성읍을 섬멸하였습니다.

01 이스라엘의 승리가 주는 교훈은 무엇입니까?

02 장대위의 놋뱀을 통해 십자가의 예수 그리스도를 연상하여 봅시다.

03 브엘의 우물이 주는 교훈은 무엇입니까?

되새김

모든 전쟁이 칼날로 이루어짐에도 불구하고 하나의 영적인 전쟁은 단지 바라봄으로 승리하게 됩니다. 모든 싸움은 혈과 육에 대한 싸움이 아닙니다. 이 땅의 싸움과 정복을 통해서 하나님께서 진정으로 보여주시고자 하는 것은 바로 믿음과 신앙의 문제인 것입니다. 세 번의 전쟁에 대한 기사 사이에 보석과 같이 박혀 있는 불뱀과 놋뱀 사건을 통해서 우리는 십자가의 예수 그리스도를 바라보아야 할 것이며 그 안에서 이루어지는 구원을 참된 믿음으로 소유한 자가 되어야 할 것입니다.

PART

22

발락과 발람
22장1~40절

Key Point

아모리인들의 참패를 목격한 모압 왕 발락은 발람을 초청하여 복술의 힘으로 이스라엘을 이기고자 하였습니다. 그러나 하나님의 축복받은 이스라엘을 향한 발락과 발람의 의도는 철저하게 분쇄되어지고 이스라엘의 축복된 예언이 연속되어집니다. 외적으로 볼 때에 발람은 하나님의 쓰임을 받은 선지자 같으나 성경 전체에서 증언하는 바와 같이 그는 불의의 삶을 사랑함으로 결국 어그러진 길로 간 자로서 모든 시대의 경계의 인물이 되고 맙니다.

장소적으로 볼 때에 민수기에는 두 축이 있습니다. 하나는 시내산이 며 다른 하나는 모압 평지입니다[18]. 민수기 1장1-10장10절까지는 바로 이 시내산에서 떠남을 위한 준비의 과정이 있었다면 민수기 22장1 절에 모압 평지에 도착한 이스라엘은 22장1-36장13절까지 가나안 땅에 들어가기까지 그 곳에서 또한 준비하게 됩니다. 시내산에서 하나님으로부터 율법을 전수 받았던 이스라엘은 모압 평지에서 모세의 설교를 듣게 됩니다. 이것이 바로 신명기입니다. 이처럼 중요한 땅 모압 평지에 이른 이스라엘이 모압 평지에서 겪게 되어지는 첫 번째 이야기가 발람과 발락의 이야기입니다(민 22-24장). 발락은 발람을 통해서 이스라엘을 저주하고자 하나 하나님께서는 발람을 통해서 도리어 이스라엘을 축복합니다. 두 번째 이야기는 25장의 싯딤에서 바알 브올 음행 사건입니다. 마지막 세 번째 모압의 이야기는 26-36장으로 새로운 세대가 되는 이스라엘에 관한 다양한 말씀을 전합니다.

■ 민수기 22장의 구조적 이해

민 22:1-14: 발락의 첫 번째 초청과 발람의 거절

---

18) 왕대일, 『대한기독교서회 창립 100주년 기념 성서주석: 민수기』, 494-495쪽.

민 22:15-20: 발락의 두 번째 초청과 발람의 수락

민 22:21-30: 발람과 나귀

민 22:31-35: 발람이 여호와의 사자를 만남

민 22:36-40: 발락이 발람을 영접함

1. 이스라엘이 진 친 곳은 어디입니까?(1절)

이스라엘 자손은 모압 평지, 요단 건너편 곧 여리고 맞은편에 진을 쳤습니다. 민수기 22장 1절에서 이스라엘이 모압 평지에 진 침이 21장의 마지막이 아닌 22장에 서두에 전함은 바로 발람과 발락의 이야기로부터의 이야기가 바로 이 모압 평지에서의 이야기임을 구별하여 전하여 주는 것입니다.

2. 모압 왕 발락을 두려움을 살펴봅시다(2-4절).

모압 왕 십볼의 아들 발락은 이스라엘인이 아모리인에게 행한 모든 것을 보았고 이스라엘 백성이 많으므로 심히 두려워하였습니다. 그는 미디안 장로들에게 자신의 두려움을 토하였습니다. 그는 말하기를 '이제 이 무리가 소가 밭의 풀을 뜯어먹음 같이 우리 사방에 있는 것을 다 뜯어먹으리로다'라 하였습니다.

3. 발락이 발람을 초청하고자 한 이유는 무엇입니까?(5-6절)

발락은 강 가 브돌에 사는 브올의 아들 발람을 초청하여 그로 이스라엘 백성들을 저주하고자 하였습니다. 그는 발락에게 다음과 같은 메시

지를 전하고자 하였습니다.

"보라 한 민족이 애굽에서 나왔는데 그들이 지면에 덮여서 우리 맞은편에 거주하였고 우리보다 강하니 청하건대 와서 나를 위하여 이 백성을 저주하라 내가 혹 그들을 쳐서 이겨 이 땅에서 몰아내리라 그대가 복을 비는 자는 복을 받고 저주하는 자는 저주를 받는 줄을 내가 앎이니라"(5-6절)

4. 발락의 첫 번째 초청과 거절을 살펴봅시다(7-14절).
　모압의 장로들과 미디안 장로들은 복채를 가지고 발람에게 이르러 발락의 말을 전하였습니다. 발람은 그들을 맞아 하룻밤을 그의 집에서 유숙하게 하고 여호와께서 자신에게 이르시는 대로 대답하리라 하였습니다. 그러나 발락의 첫 번째 초청에 발람은 하나님께서 그들과 함께 가지도 말고 그 백성을 저주하지도 말라 그들은 복을 받은 자라는 계시의 말씀을 듣고 발락이 보낸 모압 귀족들을 돌려보냈습니다.

5. 발락의 두 번째 초청을 살펴봅시다(15-20절).
　발락이 더 높은 고관들을 더 많이 보내 전하기를

"청하건대 아무것에도 거리끼지 말고 내게로 오라 내가 그대를 높여 크게 존귀하게 하고 그대가 내게 말하는 것은 무엇이든지 시행하리니 청하건대 와서 나를 위하여 이 백성을 저주하라"(16-17절)

하였습니다. 이에 발람은 발락의 신하들에게 대답하기를

"발락이 그 집에 가득한 은금을 내게 줄지라도 내가 능히 여호와 내 하나님의 말씀을 어겨 덜하거나 더하지 못하겠노라 그런즉 이제 너희도 이 밤에 여기서 유숙하라 여호와께서 내게 무슨 말씀을 더하실는지 알아보리라"(18-19절)

고 말하였습니다. 그 밤에 하나님께서 발람에게 그들과 함께 가되 하나님께서 발람에게 이르는 말만 준행하라는 말씀을 듣게 되었습니다. 발람은 외적으로 하나님의 말씀을 따르고자 하였으나 그 안에는 탐욕의 싹이 자라고 있었습니다.

6. 발람을 책망하는 나귀의 이야기를 살펴봅시다(21-35절).

발람은 아침에 일어나 자기 나귀에 안장을 지우고 두 종과 함께 모압 고관들과 함께 갔습니다. 그러나 하나님이 진노하시므로 여호와의 사자가 그를 막았습니다. 여호와의 사자가 칼을 빼어 손에 들고 그 길에 선 것을 본 나귀는 길에서 벗어나 밭으로 들어갔습니다. 이에 발람은 나귀를 길로 돌이키려고 첫 번째 채찍질을 합니다. 그러나 발람의 채찍질에도 불구하고 발람의 나귀는 앞으로 나아가지 못하고 좌우에 담이 있는 포도원 사이 좁은 길에 선 여호와의 사자를 보고 몸을 담에 대고 발람의 발을 그 담에 짓누르게 하였습니다. 이에 발람은 나귀에게 두 번째 채찍질을 합니다. 여호와의 사자가 더 나아가서 좌우로 피할 데 없는 좁은 곳에 서매 나귀는 여호와의 사자를 보고 발람 밑에 엎드립니다. 이에 발람은 노하여 자기 지팡이로 세 번째로 나귀를 때렸습니다. 이 때 하나님께는 나귀의 입을 열어 발람을 책망케 하셨습니다.

나귀: "내가 당신에게 무엇을 하였기에 나를 이같이 세 번 때리느냐"(28절)

발람: "네가 나를 거역하기 때문이니 내 손에 칼이 있었더면 곧 너를 죽였으리라"(29절)

나귀: "나는 당신이 오늘까지 당신의 일생 동안 탄 나귀가 아니냐 내가 언제 당신에게 이같이 하는 버릇이 있었더냐"(30절)

발람: "없었느니라"(30절)

나귀의 눈을 열어 여호와의 사자를 보게 하셨던 하나님께서는 이번에는 발람의 눈을 여셔서 그로 하여금 하나님의 사자를 보게 하셨습니다. 여호와의 사자가 손에 칼을 빼들고 길에 선 것을 그가 보고 머리를 숙이고 엎드렸습니다. 여호와의 사자가 그에게 이르시기를

"너는 어찌하여 네 나귀를 이같이 세 번 때렸느냐 보라 내 앞에서 네 길이 사악하므로 내가 너를 막으려고 나왔더니 나귀가 나를 보고 이같

이 세 번을 돌이켜 내 앞에서 피하였느니라 나귀가 만일 돌이켜 나를 피하지 아니하였더면 내가 벌써 너를 죽이고 나귀는 살렸으리라"(32-33절)

라 하셨습니다. 하나님께서는 발람 안에 있는 내적인 탐욕의 마음을 아셨으며 그의 불의한 길을 기뻐하지 않았습니다. 비록 겉으로는 순종하는 듯 하지만 하나님께서는 우리들의 중심을 보시는 것입니다. 발람은 하나님께서 기뻐하지 않으시면 돌아가겠다고 하였으나 하나님께서는 그를 보내시며 오직 하나님께서 그에게 이르시는 말만 하라고 분부하셨습니다.

7. 발락의 발람 영접을 살펴봅시다(36-40절).
발락은 모압 변경의 끝인 아르논 가에 있는 성읍까지 가서 그를 영접하였습니다. 발락은 발람에게 이르시기를

"내가 특별히 사람을 보내어 그대를 부르지 아니하였느냐 그대가 어찌 내게 오지 아니하였느냐 내가 어찌 그대를 높여 존귀하게 하지 못하겠느냐"(37절)

고 하였습니다. 이에 발람은

"내가 오기는 하였으나 무엇을 말할 능력이 있으리이까 하나님이 내

193

입에 주시는 말씀 그것을 말할 뿐이니이다"(38절)

라 하였습니다. 발람이 발락과 동행하여 기럇후솟에 이르렀고 발락이 소와 양을 잡아 발람과 그와 함께 한 고관들을 대접하였습니다.

묵상

01 발람에 대한 성경의 여러 증언들을 참고로 그의 삶을 연구하여 봅시다.

02 나귀의 눈과 발람의 눈을 비교하여 봅시다.

03 여호와의 사자가 발람의 길을 막으심에 관하여 나누어 봅시다.

되새김

발람은 귀하게 쓰임을 받았음에도 불구하고 버림받은 거짓 선지자였습니다. 그는 스스로가 말하기를 그토록 부인하는 불의의 삯을 사랑하다가 결국 멸망의 길로 간 사람이 되고 말았습니다. 그의 의도는 숨기워졌음에도 불구하고 하나님 앞에 그의 악함은 가리워질 수 없었으며 이스라엘을 사랑하시는 하나님께서는 발락의 악한 외적 의도와 발람의 악한 내적인 의도에도 불구하고 이스라엘에 복을 주셨습니다.

PART

23

발람의 예언 1
22장41~23장26절

Key Point

이스라엘을 저주하기를 원하는 모압 왕 발락은 발람을 초대하여 네 번의 저주를 시도합니다. 이번 과에서는 발람의 4번의 예언 중에 첫 번째 예언과 두 번째 예언으로 이스라엘의 저주하고자 하는 발락의 기대가 무너짐과 도리어 하나님께서 이스라엘에게 복을 내리심과 그 언약을 변개치 않으심에 대하여 알게 하십니다.

본문 이해

■ 민수기 23-24장의 구조적 이해

　　민 22:41-23:12: 발람의 첫 번째 예언

　　민 23:13-26: 발람의 두 번째 예언

　　민 23:27-24:9: 발람의 세 번째 예언

　　민 24:10-25: 발람의 네 번째 예언

1. 발락이 발람을 인도한 첫 번째 예언의 장소를 살펴봅시다(22장41-23장3절).

　아침에 발락이 발람과 함께 하고 그를 인도하여 바알의 산당에 오르매 발람이 거기서 이스라엘 백성의 진 끝까지 보았습니다. 발락이 발람을 첫 번째로 인도한 곳은 '바알의 산당'이며, 이곳을 택함은 바알의 숭배를 위한 것이 아닌 이스라엘 진영을 훤히 볼 수 있었기 때문입니다. 발람은 발락에게 자신이 그 곳에서 제단 일곱을 쌓고 거기 수송아지 일곱 마리와 숫양 일곱 마리를 드릴 것을 준비케 하였으며 자신은 언덕길로 갔습니다. 개역한글에서는 이를 '사태난 산'(3절) 이라고 번역하였으나 이는 어느 특정한 산을 의미하기도 보다는 '높다', '긁어서 벗기다'라는 뜻의 히브리어 '쇠파'에서 파생된 말로 '높은 곳', '고지', '벌거숭이가 된 곳'을 의미합니다. 그러므로 KJV에서는 'high place'로 NIV에서는 'a barren hight'로 공동번역에서는 '꼭대기'로 번역하고 있습니다.

2. 발람의 첫 번째 예언을 살펴봅시다(4-10절).

언덕길에 오른 발람에게 하나님의 임하심으로 그에게 말씀을 주셨습니다. 이에 발람은 발락에게 돌아가서 다음과 같이 첫 번째 예언을 전하였습니다.

"발락이 나를 아람에서, 모압 왕이 동쪽 산에서 데려다가 이르기를 와서 나를 위하여 야곱을 저주하라, 와서 이스라엘을 꾸짖으라 하도다. 하나님이 저주하지 않으신 자를 내가 어찌 저주하며 여호와께서 꾸짖지 않으신 자를 내가 어찌 꾸짖으랴 내가 바위 위에서 그들을 보며 작은 산에서 그들을 바라보니 이 백성은 홀로 살 것이라 그를 여러 민족 중의 하나로 여기지 않으리로다 야곱의 티끌을 누가 능히 세며 이스라엘 사분의 일을 누가 능히 셀고 나는 의인의 죽음을 죽기 원하며 나의 종말이 그와 같기를 바라노라"(7-10절)

첫 번째 예언은 다음과 같은 네 가지를 알게 합니다.
① 하나님은 이스라엘을 저주하지 않으십니다(8절).
② 하나님은 이스라엘을 '홀로 처할 백성'으로 성별하셨습니다(9절)
③ 이스라엘은 하나님의 축복을 받아 번영케 되었습니다(10절).
④ 이스라엘의 축복과 의로움은 악인들에게까지 사모함을 줍니다
　 (10절).

비록 발람은 '나는 의인의 죽음을 죽기 원하며 나의 종말은 그와 같

기를 바라노라'(10절)고 하였으나 안타깝게도 그의 종말은 그렇지 못하였습니다.

3. 발람의 첫 번째 예언과 축복에 대한 발락의 반응을 살펴봅시다(11-12절).

이스라엘 백성을 저주하리라는 발락의 기대는 발람의 축복으로 무너집니다. 당황한 발락은 발람에게 이르기를

"그대가 어찌 내게 이같이 행하느냐 나의 원수를 저주하라고 그대를 데려왔거늘 그대가 오히려 축복하였도다"(11절)

하였습니다. 이에 발람은 대답하기를

"여호와께 내 입에 주신 말씀을 내가 어찌 말하지 아니할 수 있으리이까"(12절)

라 하였습니다.

4. 발락이 발람을 데리고 간 두 번째 예언의 장소를 살펴봅시다(13-14절).

첫 번째 장소에서 발람은 이스라엘 진영 전부를 볼 수 있었습니다. 발락은 발람이 이와 같이 이스라엘 백성들을 축복한 것은 장소적인 문제로 그들의 전부를 보았기 때문이라고 생각하고 이번에는 그들의 끝

만 볼 수 있는 '비스가 꼭대기'로 인도하였습니다. 발람은 이전과 같이 이번에도 일곱 제단을 쌓고 각 제단에 수송아지와 숫양을 드렸습니다.

5. 비스가 꼭대기에서 발람의 이스라엘를 향한 두 번째 축복의 예언을 살펴봅시다(15-24절).
  발람에게 임하신 하나님의 두 번째 말씀은 다음과 같습니다.

"발락이여 일어나 들을지어다 십볼의 아들이여 내게 자세히 들으라 하나님은 사람이 아니시니 거짓말을 하지 않으시고 인생이 아니시니 후회가 없으시도다 어찌 그 말씀하신 바를 행하지 않으시며 하신 말씀을 실행하지 않으시랴 내가 축복할 것을 받았으니 그가 주신 복을 내가 돌이키지 않으리라 야곱의 허물을 보지 아니하시며 이스라엘의 반역을 보지 아니하시는도다 여호와 그들의 하나님이 그들과 함께 계시니 왕을 부르는 소리가 그 중에 있도다 하나님이 그들을 애굽에서 인도하여 내셨으니 그의 힘이 들소와 같도다 야곱을 해할 점술이 없고 이스라엘을 해할 복술이 없도다 이 때에 야곱과 이스라엘에 대하여 논할진대 하나님께서 행하신 일이 어찌 그리 크냐 하리로다 이 백성이 암사자 같이 일어나고 수사자 같이 일어나서 움킨 것을 먹으며 죽인 피를 마시기 전에는 눕지 아니하리로다"(18-24절)

  첫 번째 예언을 통해서 하나님께서 이스라엘을 저주하지 않으심에 관하여 알게 하셨다면 두 번째 예언은 하나님은 자신의 약속에 관하여

신실하심을 알게 하심으로 하나님께서 주신 이스라엘의 복을 돌이키지
않으실 것을 알게 하십니다.

두 번째 예언은 다음과 같은 네 가지를 알게 합니다.
① 하나님은 사람이 아니시니 거짓말을 않으시고 인생이 아니시니 후
회가 없으십니다(19절).
② 하나님은 야곱의 허물을 보지 않으시고 이스라엘의 반역을 보지
않으십니다(21절).
③ 하나님은 권능으로 이스라엘을 애굽에서 인도하여 내셨습니다(22
절).
④ 야곱을 해할 점술이 없고 이스라엘을 해할 복술이 없습니다(23
절).

6. 발람의 두 번째 예언과 축복에 대한 발락의 반응을 살펴봅시다(25-26
절).

발람의 연이은 두 번째 예언과 축복에 대하여 이스라엘을 저주하리
라는 발락의 기대는 무너지고 그는 '그들을 저주하지도 말고 축복하지
도 말라'고 하였습니다. 축복하는 것은 당연히 원치 않은 일이며 저주
케 하고자 하였으나 더욱 축복이 이루어지므로 저주하는 것조차 마다
할 수 밖에 없었습니다. 그러나 그러한 자신의 고백에도 불구하고 발락
은 계속적으로 이스라엘을 저주케 하기를 원하였습니다.

묵상

01 발락이 발람을 데리고 간 첫 번째 장소와 두 번째 장소의 차이는 무엇입니까?

02 발람의 첫 번째 예언에 관하여 나누어 봅시다.

03 발람의 두 번째 예언에 관하여 나누어 봅시다.

되새김

이스라엘을 발람을 통해서, 하나님을 통해서 저주하기를 원하였던 발락의 기대
는 무너지게 됩니다. 이스라엘은 하나님의 축복을 받은 민족이며 하나님께서는
자신의 일에 대하여 신실하시기 때문입니다. 하나님께서 그의 백성을 택하시고
부르시고 인도하심은 인간의 연약함보다는 하나님의 은혜와 신실하심에 기인
하는 것입니다.

PART

24

발람의 예언 2
23장27~24장25절

Key Point

이스라엘을 저주하기를 원하는 모압 왕 발락은 발람을 초대하여 네 번의 저주를 시도합니다. 이번 과는 발람의 4번의 예언 중에 세 번째 예언과 네 번째 예언으로 이스라엘의 저주하고자 하는 발락의 기대가 무너짐과 도리어 하나님께서 이스라엘에게 복을 내리심과 그 언약을 변개치 않으심에 대하여 알게 하십니다.

본문 이해

1. 발락이 발람을 인도한 세 번째 예언의 장소를 살펴봅시다(23장27-30절).

   발락이 발람을 인도한 세 번째 장소는 광야가 내려다 보이는 '브올 산 꼭대기'입니다. 발락은 계속된 실패에도 불구하고 장소적인 변화로 말미암아 하나님이 이스라엘을 저주하시리라는 그의 헛된 기대가 이루어질 수 있다고 생각하였습니다. 발람은 자기를 위하여 발락으로 일곱 제단을 쌓고 수송아지 일곱 마리와 숫양 일곱 마리를 준비하게 하여 드렸습니다.

2. 이전과 다른 발람의 세 번째 예언 전에 발람의 모습을 살펴봅시다(24장 1-2절).

   발람이 이스라엘을 축복한 것은 그의 진심으로 말미암은 것이 아니라 하나님의 임하심으로 말미암은 것입니다. 이와 같이 발람은 자기가 이스라엘을 축복하는 것을 여호와께서 선히 여기심을 보고 마치 발락이 장소적인 변화를 통해서 이스라엘을 저주하기를 원하였던 바와 같이 발람은 그의 방법을 달리함으로 이스라엘을 저주하기를 원하였습니다. 비록 아직 직접적으로 이러한 발람의 깊이 있는 내적인 욕망은 드러나지 않았으나 그가 이전에 했던 바와 같이 점술을 쓰지 않음으로 하나님의 임하심과 감동이 없이 그가 행하고자 하는 바를 이루고자 하였음을 알 수 있습니다. 그러나 그의 낯을 광야로 향하여 눈을 들어 이스라엘이 그 지파대로 천막 친 것을 볼 때에 하나님의 영이 그 위에 다시 임하셨습니다.

3. 발람의 이스라엘를 향한 세 번째 축복의 예언을 살펴봅시다(3-9절).

"브올의 아들 발람이 말하며 눈을 감았던 자가 말하며 하나님의 말씀을 듣는 자, 전능자의 환상을 보는 자, 엎드려서 눈을 뜬 자가 말하기를 야곱이여 네 장막들이, 이스라엘이여 네 거처들이 어찌 그리 아름다운고 그 벌어짐이 골짜기 같고 강 가의 동산 같으며 여호와께서 심으신 침향목들 같고 물 가의 백향목들 같도다 그 물통에서는 물이 넘치겠고 그 씨는 많은 물 가에 있으리로다 그의 왕이 아각보다 높으니 그의 나라가 흥왕하리로다 하나님이 그를 애굽에서 인도하여 내셨으니 그 힘이 들소와 같도다 그의 적국을 삼키고 그들의 뼈를 꺾으며 화살을 쏘아 꿰뚫으리로다 꿇어 앉고 누움이 수자와 같고 암사자와도 같으니 일으킬 자 누구이랴 너를 축복하는 자마다 복을 받을 것이요 너를 저주하는 자마다 저주를 받을지로다"(3-9절)

발람은 자신에 관하여 다음과 같이 소개합니다.
① 눈을 감았던 자
② 하나님의 말씀을 듣는 자
③ 전능자의 환상을 보는 자
④ 엎드려서 눈을 뜬 자

발람의 세 번째 예언은 이스라엘의 미래에 대한 시적인 묘사입니다. 이스라엘은 비록 메마른 죽음의 땅이 광야에 거하였으나 영적으로 볼 때에 그들에게는 풍요로움과 아름다움이 있었습니다. 그들에게는 평화로움이 있었고(5-7절), 하나님의 인도하심으로 전쟁 중에서도 강하고 안전하였습니다(8-9절).

4. 발람의 세 번째 예언과 축복에 대한 발락의 반응을 살펴봅시다(10-11절).

발람의 세 번째 축복에 발락은 노하여 손뼉을 치며 다음과 같이 말하였습니다.

"내가 그대를 부른 것은 내 원수를 저주하라는 것이어늘 그대가 이같이 세 번 그들을 축복하였도다 그러므로 그대는 이제 그대의 곳으로 달아나라 내가 그대를 높여 심히 존귀하게 하기로 뜻하였더니 여호와께서 그대를 막아 존귀하지 못하게 하셨도다"(10-11절)

5. 발람의 변명을 살펴봅시다(12-13절).

발락의 노함에 대하여 발람은 변명하기를 많은 은금을 줄지라도 자신이 할 수 없는 한계를 고백합니다. 그가 할 수 있는 일은 오직 여호와의 말씀대로 말하는 것입니다.

6. 브올 산 꼭대기에서 발람의 이스라엘를 향한 네 번째 축복의 예언을 살펴봅시다(14-24절).

발람은 발락에게

"나는 내 백성에게로 돌아가거니와 들으소서 내가 이 백성이 후일에 당신의 백성에게 어떻게 할지를 당신에게 말하리이다"(14절)

라고 말하며 마지막 네 번째 예언으로 다음과 같이 전하였습니다.

"브올의 아들 발람이 말하며 눈을 감았던 자가 말하며 하나님의 말씀을 듣는 자가 말하며 지극히 높으신 자의 지식을 아는 자, 전능자의 환상을 보는 자, 엎드려서 눈을 뜬 자가 말하기를 내가 그를 보아도 이 때의 일이 아니며 내가 그를 바라보아도 가까운 일이 아니로다 한 별이 야곱에게서 나오며 한 규가 이스라엘에게서 일어나서 모압을 이쪽에서 저쪽까지 쳐서 무찌르고 또 셋의 자식들을 다 멸하리로다 그의 원수 에돔은 그들의 유산이 되며 그의 원수 세일도 그들의 유산이 되고 그와 동시에 이스라엘은 용감히 행동하리로다 주권자가 야곱에게서 나서 남은 자들을 그 성읍에서 멸절하리로다하고 또 아말렉을 바라보며 예언하여 이르기를 아말렉은 민족들의 으뜸이나 그의 종말은 멸망에 이르리로다 하고 또 겐 족속을 바라보며 예언하여 이르기를 네 거처가 견고하고 네 보금자리는 바위에 있도다 그러나 가인이 쇠약하리니 나중에는 앗수르의 포로가 되리로다 하고 또 예언하여 이르기를 슬프다 하나님이 이 일을 행하시리니 그 때 살 자가 누구이랴 깃딤 해변에서 배들이 와서 앗수르를 학대하며 에벨을 괴롭힐 것이나 그도 멸망하리로다"(15-24절)

발람은 자신에 관하여 다음과 같이 소개합니다.
① 눈을 감았던 자
② 하나님의 말씀을 듣는 자
③ 지극히 높으신 자의 지식을 아는 자
④ 전능자의 환상을 보는 자
⑤ 엎드려서 눈을 뜬 자

발람의 마지막 네 번째 예언은 다음과 같습니다.

모압과 에돔에 관한 예언: 17-19절
아말렉에 관한 예언: 20절
겐 족속에 관한 예언: 21-22절
깃딤 해변의 족속에 관한 예언: 23-24절

묵상

01 발람의 내적인 마음에 관하여 나누어 봅시다.

02 믿음의 사람을 복되게 하시는 이는 누구입니까?

03 이방 족속에 관한 말씀이 주시는 교훈에 관하여 나누어 봅시다.

되새김

발락은 드러내 놓고 이스라엘을 저주하기를 원하였으며 발람은 드러나지 않으나 그 또한 소극적이나마 자신의 유익을 위하여 이스라엘을 저주하기에 동참하였습니다. 그러나 모든 일들 가운데 이스라엘을 복되게 하시는 이는 하나님이십니다. 하나님께서 우리를 복되게 하시는 이상 어떠한 시도들도 헛되며 어리석을 뿐입니다.

PART

25

바알브올 음행 사건
25장1~18절

Key Point

23-24장에서 4번이나 이스라엘을 축복하였던 발람은 외적인 저주로서 이스라엘을 이 길 수 없음을 알고 그들로 내적인 음행의 죄악으로 말미암아 타락하여 하나님 앞에 심판 을 받도록 하는 꾀를 냅니다. 결국 이스라엘은 발람과 모압, 미디안의 계획대로 성적으로 타락하고 우상숭배에 빠지게 됩니다. 바알브올 음행사건, 싯딤의 타락은 민수기의 10번 째 불신앙 사건이 됩니다.

본문 이해

　모압에서의 첫 번째 이야기인 발락과 발람에 관한 말씀에서 모압 왕 발락은 주술의 힘을 빌어 발람을 통해서 이스라엘을 저주하기를 원하였지만 하나님께서는 도리어 발람을 통해서 4번이나 이스라엘을 축복하셨습니다. 그러나 25장에서 22-24장과 전혀 다른 이야기를 접하게 됩니다. 마치 이스라엘은 저주를 받은 자처럼 음행을 저질렀으며 이로 말미암아 심판에 이르게 됩니다. 이는 우리들의 본질과 현상의 차이를 보여줍니다. 우리를 저주하기 원하는 사단의 궤계는 이루어질 수 없습니다. 그러나 우리들은 삶 속에서 실패와 좌절을 맛보게 됩니다. 가데스 바네아에서 얼마나 많은 것을 이스라엘이 잃었는가를 살필 때에 다시금 이 싯딤에서 바알 브올의 음행 사건이 믿음의 여정에 있어서 얼마나 무섭고 큰 손실이 되는가를 깨달아야 합니다. 이는 새로운 세대를 이어 나아갈 자들을 향한 민수기의 마지막 경고의 메시지가 됩니다.

■ 민수기 25장의 구조적 이해
　민 25:1-5: 바알브올의 음행
　민 25:6-15: 비느하스의 의분과 축복
　민 25:16-18: 미디안 처벌을 명하심

No	불신앙적 사건들	본문
1	다베라 사건	민 11:1-3
2	기브롯 핫다아와 사건	민 11:4-35
3	미리암과 아론의 모세 비방 사건 (하세롯 사건)	민 12:1-16
4	가데스 바네아의 반역	민 13:1-38
5	호르마의 패배	민 14:39-45
6	고라당의 반역	민 16:1-40
7	온 회중의 반역	민 16:41-50
8	므리바 물 사건	민 20:2-13
9	불뱀과 놋뱀 사건	민 21:4-9
10	**바알 브올 음행 사건**	**민 25:1-18**

1. 바알브올의 음행 사건이 일어난 배후에는 누가 있었습니까?(25장1절, 31장1-8절, 16절)

표면적으로 볼 때에는 모압 여자들과 미디안 족속에 의해 이 음행 사건이 시작된 것으로 보이나 이는 하나님의 강권적인 역사하심으로 4차례나 이스라엘 축복하였던 발람이 성적인 범죄로 이스라엘의 내적 범죄를 일으켜 하나님의 진노를 사게 하려는 목적 가운데 자행되었습니다.

"보라 이들이 발람의 꾀를 따라 이스라엘 자손을 브올의 사건에서 여호와 앞에 범죄하게 하여 여호와의 회중 가운데에 염병이 일어나게 하

였느니라"(민 31:16)

따라서 하나님께서는 이스라엘의 타락을 주도하였던 모압 뿐만 아니라 그들과 협조한 미디안 사람에게 죄를 갚아 미디안 다섯 왕과 그들의 남자들을 죽이게 하실 뿐만 아니라 그 배후에 있었던 발람을 죽이게 하셨습니다(민 31:1-8, 16)

2. 싯딤에서 일어난 바알브올 음행사건 전모를 살펴봅시다(1-3절).

이스라엘 민족의 광야 생활의 마지막 유영지였던 싯딤에서 이스라엘은 모압 여자들이 음행하기를 시작할 때에 그들의 청함에 응해 함께 먹고 그들의 신에게 절함으로 바알브올에 가담하게 되었습니다.

3. 바알브올 음행 사건에 대한 하나님의 심판을 살펴봅시다(3-9절).

백성들의 수령들에 관하여: 백성들의 수령들 중에 바알브올에 예속된 자들은 태양을 향하여 공개적으로 여호와 앞에 목매어 달게 함으로 많은 사람들에게 백성들의 두령들에 대한 책임이 얼마나 큰 것인지를 깨닫게 하셨습니다.

재판관들의 심판에 관하여: 재판관들의 심판에 의해서 하나님의 심판은 감정적인 차원이 아니라 정의와 공의의 기초 가운데 실행되었음을 보여 주시는 것입니다.

백성들의 심판에 관하여: 바알브올 음행 사건은 단순히 몇몇 지도자들의 심판으로 끝이 난 것이 아니라 많은 회중이 이에 동조하였으므로 회중에게는 염병으로 그 심판이 일어나게 되었습니다. 이 때에 염병으로 죽은 자가 무려 24000명이나 되었습니다. 후에 사도바울은 이 당시의 사망자 수를 23000이라고 전하고 있는데 이는 성경의 오류가 아닌 염병으로 죽은 자가 23000명과 재판관들에 의해 죽은 자가 1000명이라는 랍비들의 전통을 따른 것으로 보입니다(고전 10:8).

4. 비느하스의 의분을 살펴봅시다(6-9절).

수령들에 대한 공개처형과 재판관들에 의한 처형이 이루어지는 등 죽음의 두려움이 가득하여 온 회중이 회막문에서 회개하며 울 때에까지도 음행을 감행하였던 사람들이 있었습니다. 곧 시므온 가문 중의 한 지도자인 시므리가 미디안 백성의 한 가문의 지도자인 수르의 딸인 고스비를 데리고 온 것이었습니다. 이에 엘르아살의 아들 비느하스는 손에 창을 들고 그들이 있던 막에 들어가 그들을 배를 꿰뚫어서 죽이니 이 때에 염병이 이스라엘 자손에게서 그쳤습니다.

특별히 이들의 이름이 14절 이하에는 언급되었으나 본 단락에서 생략된 이유는 이들의 죄악이 단순히 그들 개인의 죄악이 아니라 이스라엘 공동체의 죄악임을 강조하시기 위하여 그들의 이름은 생략되고 그들이 이스라엘인과 미디안 사람이라고 전하고 있는 것입니다.

또한 그들의 배가 꿰뚫어진 것은 그들의 악한 행위의 순간을 묘사시킴으로 그들의 죄악을 확연히 들어내고 있는 것입니다.

5. 비느하스의 의분의 결과 그에게 주어진 축복은 무엇입니까?(10-13절)
하나님의 질투심으로 질투하여 그 죄를 심판한 비느하스에게 하나님께서는 평화의 언약을 주셔서 그와 그 후손으로 영원히 제사장 직분을 갖게 하셨습니다.

6. 미디안인들에 대한 심판 명령을 살펴봅시다(16-18절).
이스라엘로 넘겨져 하나님 앞에 범죄케 한 미디안에 대한 하나님의 심판의 명령이 주어졌습니다. 이 명령은 모세가 이스라엘 지도자로서 받은 마지막 전투 명령으로서 민수기 31장1-11절에서 성취됩니다.

묵 상

01 음행의 죄악이 주는 믿음의 경종은 무엇입니까?

02 수령들에 대한 심판이 주는 교훈은 무엇입니까?

03 비느하스의 의분은 나에게 어떠한 교훈을 줍니까?

되새김

싯딤에서의 음행사건은 이스라엘이 광야 생활로 결코 훈련되지 않았음을 다시금 보여줍니다. 믿음의 삶은 순간순간마다 하나님의 경외함과 그의 도우심 없이는 잠시도 바로 설 수 없는 것입니다. 곧 이스라엘이 가나안 땅에 들어갈 수 있었던 것은 그들의 의로움이 아니라 계속되어지는 하나님의 긍휼하심의 결과인 것입니다. 이스라엘의 넘어짐과 하나님의 심판을 보며 우리들은 음행에 대한 믿음의 경종을 가져야 할 것이며 이 음행이 우상숭배와 결속되어졌음을 보며 더욱 더 하나님 자신을 구하는 삶을 살아야 할 것입니다.

민수기

제5부

새로운 세대

(26장-36장)

26

두 번째 인구조사
26장1~65절

Key Point

광야 내에서의 방황과 그들의 시련에 대한 언급에서 이제 26장 이후로는 가나안 입성 이후의 일들에 관한 내용들이 이어집니다. 26장은 두 번째 인구조사를 통한 군사 재정비와 땅의 분배에 관한 말씀입니다. 계수에서는 하나님의 소유권이, 분배에서는 하나님의 주권이 각각 선포됩니다.

본문 이해

약속의 땅에 들어가는 마지막 준비로 26-36장은 민수기의 마지막 큰 단락이 됩니다. 1장의 인구조사가 군사로서 이스라엘의 재정비와 더불어 행진을 준비한다면 26장의 인구조사는 군사로서 이스라엘의 재정비와 더불어 앞으로 얻게 될 기업의 분배에 더욱 초점이 맞추어져 있습니다. 그러므로 첫 번째 인구조사에서는 지휘관이 중요하게 여겨지나 두 번째 인구조사에서는 각 종족의 대표자들을 통해서 그들의 종족을 중요하게 여깁니다.

주목할 바는 첫째, 민수기의 인구조사와(민 1장, 26장) 사무엘하 24장의 다윗의 인구조사를 비교할 수 있어야 합니다. 둘째, 민수기 1장의 인구조사와 26장의 인구조사의 차이를 비교할 수 있어야 합니다. 셋째 민수기 26장의 인구조사에 담긴 메시지를 깨달아야 합니다.

■ 민수기 26장의 구조적 이해
　　민 26:1-4: 두 번째 인구조사를 명하심
　　민 26:5-51: 두 번째 인구조사의 실시
　　민 26:51-56: 기업 분배의 규정
　　민 26:57-62: 레위인의 인구조사
　　민 26:63-65: 맺음말

1. 첫 번째 인구조사와 두 번째 인구조사를 비교하여 봅시다.

조사 대상	1차, 2차 모두 20세 이상으로 능히 싸움에 나갈 만한 자
조사 시기	1차: 출애굽 2년 2월1일 2차: 출애굽 40년 6월 이후 어느 날
조사 장소	1차: 시내산 2차: 모압 평지
조사 목적	1차: 가나안 땅 정복을 위한 군대 재정비 　　　광야 행군질서 2차: 가나안 땅 정복을 위한 군대 재정비 　　　가나안 땅의 기업 분배 따라서 제1차 인구조사에서는 전체 인구 수만을 언급하였으나 제2차 인구조사에서는 각 지파와 가족의 수를 정확하게 기록하고 있습니다.
조사 결과	1차: 603,550명 2차: 601,730명 2차 인구 조사 때에는 1차 인구조사 때보다 1,820명이 줄었습니다.
조사 순서	1차: 르우벤-시므온-유다-잇사갈-스불론-에브라임-므낫세-베냐민 　　　-단- 아셀-갓-납달리 2차: 르우벤-시므온-갓-유다-잇사갈-스불론-므낫세-에브라임 　　　-베냐민-단-아셀-납달리 갓이 세 번째로 변동된 것은 그들이 르우벤의 기 아래 있었기 때문이며 므낫세와 에브라임 지파의 바뀜은 므낫세의 장자됨과 2차 인구 조사 때에 므낫세 지파의 증가에 대한 교훈을 담고 있는 것으로 보입니다.

2. 제2차 인구조사의 결과를 1차 때와 비교하여 도표로 정리하여 봅시다.

지파	1차 조사	2차 조사	가족수	증감
르우벤	46,500	43,730	4	−2,770
시므온	59,300	22,200	5	−37,100
갓	45,650	40,500	7	−5,150
유다	74,600	76,500	5	+1,900
잇사갈	54,400	64,300	4	+9,900
스불론	57,400	60,500	3	+3,100
에브라임	40,500	32,500	4	−8,000
므낫세	32,200	52,700	8	+20,500
베냐민	35,400	45,600	7	+10,200
단	62,700	64,400	1	+1,700
아셀	41,500	53,400	5	+11,900
납달리	53,400	45,400	4	−8,000
계	603,550	601,730	57	−1,820

첫째, 특별히 르우벤의 기 밑에 있던 지파들은 다 감소하였음에 반해 유다의 기 밑에 있는 지파들은 모두 증가하였음을 볼 수 있습니다.

둘째, 므낫세 지파의 확연한 증가가 돋보입니다.

셋째, 시므온 지파는 37,100명이나 줄어 가장 크게 감소하였습니다. 이는 민수기 25장의 싯딤의 음행 사건 때에 시므온 지파의 족장 시므리의 죄악과 24,000명의 염병을 살필 때에 성경은 시므온 지파의 반역과 그 결과를 보여주시는 것입니다. 시므온 지파는 후에 유다 지파에 흡수되는 역사를 보게 됩니다(삿 1:3, 수 19:1).

3. 르우벤 지파에서 고라의 반역 사건에 대한 재언급을 살펴봅시다(9-11절).

르우벤 지파의 인구조사에서 고라의 반역에 동참하였던 발루 가족 중에 발루의 손자 엘리압의 아들 다단과 아비람의 언급은 그들의 부끄러움과 수치를 여실하게 드러내고 있습니다. 그러나 고라의 아들들이 죽지 않았음은 고라의 반역에도 불구하고 그들이 이 사건에 동조하지 않았음을 보여주시는 것입니다. 놀라운 것은 고라의 자손 중에서 이후에 사무엘과 같은 선지자가 나오고 비록 사무엘의 아들 요엘은 방자한 자나 그의 아들 헤만은 성가대장이 됨으로 아버지의 죄가 그 아들에게 이어지지 않음을 역사 속에서 증거하여 줍니다(겔 18:2-4, 대상 6:33-38).

레위-그핫-이스할-고라-에비아삽-앗실-다핫-스바냐-아사랴-요엘-엘가나-아마새-마핫-엘가나-숩-도아-엘리엘-여로함-엘가나-사무엘-요엘-헤만

4. 유다 지파에서 에르(엘)와 오난의 죽음에 대한 재언급을 살펴봅시다(19절).

엘과 오난의 가나안 죽음 사건의 재언급은 인간의 죄악과 실수에도 불구하고 하나님의 은혜의 역사하심을 확연하게 보여주시는 것입니다.

5. 땅 분배의 3가지 원칙은 무엇입니까?(52-56절)

첫째, 땅의 크기는 지파의 인구 비율로 정합니다. 곧 수가 많은 자에게는 기업을 많이 주고 수가 적은 자에게는 기업을 적게 주었습니다. 둘째, 땅의 위치는 제비를 뽑았습니다. 이로써 시비를 없이하고 모든 것은 하나님께로 말미암음을 가르치셨습니다. 셋째, 결정된 땅은 각 지파 조상의 이름을 따라 얻도록 하였습니다. 이로써 분배된 땅은 한 세대를 위한 것이 아닌 이스라엘 모든 세대를 위한 것이며 하나님의 약속의 성취를 가르치시는 것입니다.

6. 레위 지파의 계수를 살펴봅시다(57-62절).

레위인의 계수에 있어서는 특별히 모세와 아론을 중심으로 한 가계에 대한 소개 속에서 특별히 나답과 아비후에 대한 재언급은 다시금 인간의 방법대로 하나님께 나아감에 대한 경고의 메시지를 전하고 있습니다. 레위인은 1차 인구조사에 비해 1,000명 정도의 증가를 보여 23,000명이 일개월 이상된 자로서 계수되었으며 이들은 땅의 기업을 허락받지 아니하였으므로 분배에서 제외되었습니다.

7. 첫 번째 인구조사에서 계수된 자들은 어떻게 되었습니까?(63-65절)

모세와 제사장이 아론이 시내 광야에서 계수한 이스라엘 자손은 여분네의 아들 갈렙과 눈의 아들 여호수아 외에는 한 사람도 남지 않고 다 광야에서 죽었습니다. 그들은 하나님의 약속을 바라보고 믿지 못하고 불평하고 원망함으로 말미암아 하나님의 말씀대로 다 광야에서 죽고 가나안 땅에 들어가지 못하였습니다.

묵상

01 제2차 인구조사가 주는 교훈에 관하여 나누어 봅시다.

02 땅의 분배 원칙이 주는 교훈은 무엇입니까?

03 여호수아와 갈렙을 제외한 모든 사람이 다 광야에서 죽음이 주는 교훈에 관하여 나누어 봅시다.

되새김

계수와 분배, 새로운 상속법의 재정과 모세의 후계자 임명에는 이스라엘의 참된 주권자가 하나님 자신임을 선포하십니다. 우리들의 삶의 진정한 승리는 훈련된 우리들의 어떠한 열심과 능력으로 말미암은 것이 아니라 철저하게 하나님께로 말미암은 것입니다. 새로운 세대는 구세대의 연약함을 반복하지 말아야 할 것이며 그들의 연약함과 심판으로부터 교훈을 얻을 수 있어야 할 것입니다.

PART

27

슬로브핫의 딸들
27장1~23절

Key Point

땅의 분배에 관한 말씀에 이어 27장은 상속에 관한 말씀으로 슬로브핫의 딸들의 주장에 의한 여성 상속법과 새로운 지도자를 세움에 관한 말씀입니다. 상속법에서는 하나님의 정의가, 후계자 임명에서는 하나님의 통치가 각각 선포됩니다.

가나안 입성을 앞둔 새로운 세대를 향한 말씀인 26장 이후의 말씀 속에서 슬로브핫의 딸들은 새로운 세대를 대변하는 것과 같습니다. 그들에 관한 말씀은 26장 이후의 말씀에서 27장과 마지막 36장에 나타납니다. 슬로브핫의 딸들에 관한 말씀은 처음과 끝을 장식함으로 이들의 믿음과 신앙을 통해서 새로운 세대가 가져야 할 믿음이 무엇인가에 관하여 알게 하십니다. 이들은 이전의 세대가 감히 구하지도 못한 것을 구하였습니다. 또한 이들은 아직 기업에 들어가기도 전에 그 기업을 믿음으로 구하였습니다. 이들은 가데스 바네아에서 자신들의 기업을 보고도 원망과 불평함으로 모든 것을 잃은 이전의 세대와 달랐습니다. 그들은 아직 취하지 아니하였으나 마치 가진 자와 같이 구하였던 것입니다. 이는 새로운 세대에게 요구되는 믿음인 것입니다. 특별히 이들에 관한 말씀을 새로운 세대의 지도자가 되는 여호수아에 관한 말씀보다 먼저 말씀하셨음을 주목해 보아야 할 것입니다.

■ 민수기 27장의 구조적 이해

민 27:1-5: 슬로브핫의 딸들의 요구

민 27:6-11: 여호와의 판결

민 27:12-23: 모세의 후계자 여호수아

1. 슬로브핫의 딸들의 주장에 관하여 살펴봅시다(1-11절).

1) 출신적 배경

슬로브핫의 딸들의 출신적인 배경은 요셉의 아들 므낫세 종족들 가운데 므낫세의 현손 마길의 증손 길르앗의 손자 헤벨의 아들 슬로브핫의 딸들서 요셉의 7대손입니다.

요셉-므낫세-마길-길르앗-헤벨-슬로브핫-슬로브핫의 딸들

슬로브핫의 5명의 딸들의 이름은 말라와 노아와 호글라와 밀가와 디르사입니다.

2) 슬로브핫의 딸들의 주장

두 번째 인구 조사와 땅 분배에 대한 말씀은 상속의 말씀으로 이어집니다. 슬로브핫의 딸들은 아들이 없이 딸들만 낳으므로 기업의 분배에서 제외될 위기 가운데 자신들에게 돌아와야 할 기업에 관하여 주장하였습니다. 자신들의 아버지인 슬로브핫이 여호와를 거슬러 모인 고라의 무리에 들지 아니하고 자기 죄로 죽은 자이나 아들이 없다는 이유로 아버지의 기업이 상속되지 못할 경우 아버지의 이름 또한 종족 중에서 삭제될 것이나 이는 부당하다고 여긴 것입니다. 슬로브핫의 딸들은 회막 문에서 모세와 제사장 엘르아살과 지휘관들과 온 회중 앞에 서서 아버지의 형제 중에서 자신들에게 기업을 달라고 주장하였습니다.

3) 여호와의 판결

  슬로브핫의 딸들의 주장은 여호와 하나님 앞에 받아들여집니다. 이에
여성에 대한 상속법이 새롭게 제정됩니다. 사람이 죽고 아들이 없으면
그 기업을 그의 딸에게 돌릴 것이며 딸도 없으면 그의 기업을 그의 형
제에게 줄 것이며 형제도 없으면 그의 기업을 그의 아버지의 형제에게
줄 것이며 그의 아버지의 형제도 없으면 그의 기업을 가장 가까운 친족
에게 주어 받게 하였습니다.

2. 모세의 후계자가 지명됨을 살펴봅시다(12-23절).

  모세는 므리바 물 사건으로 인해 가나안 땅 입성이 금지되었으므로
하나님께서는 그로 아바림 산에서 가나안 땅을 바라보는 것만을 허락
하시고 그 또한 아론이 그 조상에게 돌아간 바와 같이 조상들에게 돌아
갈 것을 말씀하셨습니다. 이에 모세는 이스라엘의 목자를 세우실 것을
간구하였고 하나님께서는 이스라엘의 목자로 여호수아를 지명하셨습
니다. 곧 모세는 이스라엘의 출애굽의 사명을, 여호수아는 가나안 안식
의 사명을 감당함으로 출애굽과 가나안 안식으로, 각각 예수 그리스도
에 의한 구속과 천국 안식을 예표합니다.

  이 땅의 어떠한 위대한 지도자라 할지라도 자신의 사역의 한계와 제
한이 있습니다. 하나님께서 각 사람에게 맡기신 일들이 다 다른 것입
니다.

01   여성 상속법이 주는 교훈에 관하여 나누어 봅시다.

02   모세의 죽음 예고에 관하여 나누어 봅시다.

03   모세의 후계자를 세움에 관하여 나누어 봅시다.

되새김

슬로브핫의 딸들은 자신들의 당대에 끊어질 기업에 관하여 걱정하였고 모세 또한 다음 대를 위하여 염려하였습니다. 하나의 기업이 아닌 복음을 받은 자들은 자신의 대에서 이 복음이 더 풍성케 되어야 할 것이며 다음 대를 위해서도 섬길 수 있어야 할 것입니다.

28

제사에 관한 규례
28장 1~31 절

Key Point

28장과 29장은 이스라엘 백성들이 가나안 땅에 들어가서 지켜야 할 제사 규례들에 관하여 제시합니다. 특별히 본 장의 제사 규례는 제물을 중심으로 이루어지는 특징을 가지고 있는데 각 제사의 제물에 대한 차이들을 살피며 그 의미를 이해 할 수 있습니다.

가데스 바네아에서 약속을 잃어버린 이스라엘에게 여전히 다음 세대를 통해서 그 약속이 유효함을 15장의 가나안 땅에 들어가서 지켜야 할 규례에 대한 말씀 속에서 보이셨습니다. 이제 다시금 새로운 세대가 약속의 땅에서 지킬 규례를 보이심으로 하나님의 약속이 확실하심을 보이십니다. 민수기 28-29장은 예배에 관한 말씀이 됩니다.

■ 민수기 28장의 구조적 이해

　민 28:1-8: 상번제 제사

　민 28:9-10: 안식일 제사

　민 28:11-15: 월삭 제사

　민 28:16-25: 무교절 제사

　민 28:26-31: 칠칠절 제사

1. 제물에 대한 하나님의 세 가지 말씀은 무엇입니까?(2절)

제물에 관하여 하나님께서는 세 가지 표현을 쓰셨습니다. 첫째 '내 헌물', 둘째, '내 음식', 셋째, '내 향기로운 것'입니다. 이는 첫째로 제물은 우리의 것이 아니라 하나님을 향한 것으로서 예배가 하나님께 향하여야 함을 가르치며 둘째, 제물 자체가 하나님께 향한 것일 뿐만 아니라 이 제물이 예표하는 바 예수 그리스도의 모습을 속에서 이 예물이 강하게 하나님 자신의 것임을 선포하시는 것입니다.

2. 제물은 어떠한 시기에 정하여야 합니까?(2절)

제물은 아무 때나 드리는 것이 아닌 정한 시기에 드려야 합니다. 특별히 '너희가 그 정한 시기에 삼가 내게 받칠지니라'는 명료한 말씀은 이 제물이 반드시 그 정한 시기에 드려져야 함을 가르치시는 것입니다. 그러나 이 정한 시기는 사람이 임의대로 정한 시기가 아닌 하나님께서 정하신 시기를 말합니다. 왜냐하면 이 정한 시기 자체가 제물의 성격과 그 의미를 말하여 주기 때문입니다.

3. 상번제에 관하여 살펴봅시다(3-8절).

상번제는 어떠한 절기와 상관없이 매일 드려지는 제사입니다. 상번제는 하나님과 이스라엘과의 영속적인 언약관계를 강조하는 제사입니다. 두 마리의 일 년 되고 흠 없는 수양이 하나는 아침에 하나는 저녁에 동일한 방법으로 드려졌습니다. 유대인의 전통은 아침에 드리는 양은 전날 밤에 지은 죄를 위한 것이고 저녁에 드리는 양은 그날 낮 동안 지은 죄를 위한 것이라고 합니다. 한 마리의 양에 고운 가루 에바 1/10과 빻아낸 기름 힌 1/4을 화제로 드리고 포도주(독주) 힌 1/4을 전제로 드렸습니다(참고: 출 29:38-42, 힌은 액체를 측정하는 단위로 1힌은 3.8 ℓ 로 2되 정도).

4. 안식일의 제사에 관하여 살펴봅시다(9-10절).

안식일에는 일 년 되고 흠 없는 수양 둘과 고운 가루 에바 2/10에 기름 섞은 소제와 그 전제를 드렸습니다. 안식일에 드리는 제사는 매일 드리는 상번제 외에 드리는 것으로 결과적으로 안식일에는 평일의 두 배로 제물이 드려졌습니다. 뿐만 아니라 소제의 양도 2/10로 상번제 때 드리는 양의 두 배를 드림으로 특별히 이 안식일에 더 큰 헌신을 요한다는 것을 배우게 되는 것입니다.

5. 월삭의 제사에 관하여 살펴봅시다(11-15절).

월삭 준수에 대한 명령은 민수기 10장10절에 제시되었으나 본 단락에 의해 구체적으로 가르쳐지고 있습니다. 순서상 상번제와 안식일 다음에 위치함으로 더 중요함을 나타낼 뿐만 아니라 그 드려지는 예물에 의해서 그 중요성을 이해할 수 있습니다. 안식일의 제사와 마찬가지로 월삭에 있어서도 상번제는 계속 드려졌습니다.

월삭에는 수송아지 2, 수양 1, 일 년 되고 흠 없는 수양 7을 하나님께 번제로 드렸습니다. 매 수송아지에는 고운 가루 에바 3/10에 기름 섞은 소제와 수양 하나에는 고운 가루 에바 2/10에 기름 섞은 소제와 매 어린 양에는 고운 가루 에바 1/10에 기름 섞은 소제를 향기로운 번제로 하나님께 화제로 드렸으며 그 전제는 수송아지 하나에 포도주 1/2 힌, 수양 하나에 1/3 힌, 어린 양 하나에 1/4 힌을 드렸습니다. 곧 소제와 전제의 양은 제물의 등급에 비례하였습니다. 또한 상번제와 그 전제 외에 수염소 하나를 속죄제로 드렸습니다. 속죄제는 지난달의 죄를 용서받기 위한 것으로 제사의 절차는 번제보다 속죄제가 앞섭니다. 죄의 사함이 없는 하나님과의 교제는 있을 수 없는 것입니다.

6. 유월절 절기에 관하여 살펴봅시다(16-25절).

유월절은 첫째 달 14일 하루를 가르키며 유월절 다음 날인 15일로부터 일주일간이 되어지는 15-21일까지를 무교절이라고 합니다. 이 무교절에는 무교병을 먹었으며 그 첫째 날과 마지막 날을 성회로 모였습니다(18절, 25절), 무교절에 드려지는 제물은 수송아지 2, 수양 1, 일년 된 흠없는 수양 7이 화제로 드려 하나님께 번제가 되게 하였습니다. 소제로는 고운 가루에 기름을 섞어서 수송아지 하나에 에바 3/10, 수양 하나에 에바 2/10, 어린 양 7에 매 어린 양에 1/10을 드렸습니다. 이는 월삭의 제물 드림과 같습니다. 다만 월삭과 달리 무교절 기간에는 매일 월삭과 같은 제물을 드렸습니다(24절). 무교절 기간에는 앞선 규례보다 더 많은 제물이 드려졌습니다. 이는 예수 그리스도로 인해 성취될 하나님의 구원사역을 예표하기 때문입니다. 특별히 정한 시기에 대한 언급에 추가적으로 이 모든 규례를 '순서대로'(24)로 행하여져야 하므로 일체 소홀히 행하여지거나 임의적으로 행하는 것에 대해서 용납되어질 수 없었습니다.

7. 칠칠절 절기에 관하여 살펴봅시다(26-31절).

칠칠절의 제물과 그 절차는 월삭, 무교절 때와 동일합니다(기타 칠칠절에 대한 자세한 언급은 출 23:16, 34:22, 레 23:15-22, 신 16:9-12 등을 참고).

묵상

01 정한 시기, 순서대로 드려진 예물이 주는 교훈은 무엇입니까?

02 상번제, 안식일, 월삭의 제물이 주는 교훈은 무엇입니까?

03 속죄의 수염소가 주는 교훈은 무엇입니까?

되새김

가나안 입국을 앞두고 경제적인 땅 분배, 정치적인 통치자의 세움의 문제에 이어 참되게 중요한 종교적 제사에 대한 규례에 대한 문제가 언급되어졌습니다. 하나님께서 중요하게 하게 여기는 제사를 인간이 스스로 지루하게 여기며 소홀하게 여겨서는 안 될 것입니다. 왜냐하면 제사, 곧 예배는 인간이 하나님께 향한 유일한 길이며, 유일하게 하나님께서 사람들 가운데 내어주신 구원의 길이기 때문입니다. 우리는 하나님께서 내어주신 이 구원과 교제의 통로를 통해서 날마다 하나님께 예배하며 교제하는 자들이 되어야 하겠습니다.

PART

29

7월의 절기들
29장1~40절

Key Point

28장에 이어 29장은 이스라엘 절기 중에 7월의 절기들과 그에 따른 제물들을 가르치고 있습니다. 7월은 추수와 파종의 중간기로서 더욱 영적인 집중을 할 수 있었으며 또한 종교력으로 7월은 민간력 1월에 해당함으로 1년 중에 첫 시간을 하나님께 드리는 의미를 가지기도 합니다. 그러나 무엇보다도 이 절기들 속에 예표적으로 그려져 있는 예수 그리스도로 중심으로 해석하고 그 의미를 깨닫는 것이 선행되어져야 할 것입니다.

본문 이해

전체적인 말씀에서 29장의 말씀은 28장의 말씀과 함께 합니다. 28-29장의 말씀은 새로운 세대가 지켜야 할 공적 예배에 관하여 말씀하시는 것입니다. 29장의 말씀은 28장의 말씀의 연속이며 다만 29장의 말씀은 7월의 절기들에 집중되어집니다. 또한 민수기 28-29장의 말씀은 레위기 23장의 말씀들과 비교될 수 있습니다. 레위기 23장의 말씀에 비해서 민수기 28-29장의 말씀은 보다 제사장들의 역할에 관하여 강조합니다[19].

■ 민수기 29장의 구조적 이해

민 29:1-6: 나팔절 제사
민 29:7-11: 대속죄일 제사
민 29:12-38: 초막절 제사
민 29:39-40: 맺음말

1. 나팔절 절기의 제사에 관하여 살펴봅시다(1-6절).

7월 1일은 나팔을 부는 나팔절입니다. 나팔은 그리스도로부터 주어진

---

19) 왕대일, 『대한기독교서회 창립 100주년 기념 성서주석: 민수기』, 598쪽.

복음의 확산 및 그리스도의 재림을 상징하는 것으로 봅니다. 이 날에 수송아지 하나와 수양 하나와 일 련 되고 흠 없는 수양 일곱을 하나님께 향기로운 번제로 드렸습니다. 번제물과 함께 드려졌던 소제와 전제의 양은 번제물의 등급에 따라 비례하여 각 절기가 동일하였습니다. 이를 정리하면 다음과 같습니다.

번제물	소제	전제
수송아지	고운 가루 3/10 에바	포도주 1/2 힌
수양	고운 가루 2/10 에바	포도주 1/3 힌
어린양	고운 가루 1/10 에바	포도주 1/4 힌

또한 죄를 속하기 위하여 숫염소 하나를 속죄제를 드렸으며 이는 월삭에 관련된 규례와 상번제에 관련된 규례 외에 추가적으로 드려졌습니다.

2. 속죄일 규례의 제사에 관하여 살펴봅시다(7-11절).

7월10일은 속죄일로서 성회로 모였습니다. 이 날은 마음을 괴롭게 하였으며 또한 아무 노동도 하지 말아야 했습니다. 이 날에 드려지는 제물들은 수송아지 하나와 수양 하나와 일 년된 수양 일곱을 다 흠 없는 것으로 하나님께 향기로운 번제로 드렸습니다. 소제와 전제는 동일한 규례를 따라 드렸으며 속죄를 위하여 수염소 하나를 드리되 대속죄일의 속죄제와 상번제의 소제와 전제 외에 추가적으로 드려졌습니다. 7월10일에 드려졌던 제물을 정리하면 다음과 같습니다.

① 매일 드려졌던 상번제와 소제와 전제
② 대제사장이 자신과 권속을 위해 드린 속죄 제물
③ 대제사장이 백성을 위해 드린 속죄 제물
④ 속죄일에 드리는 번제와 소제와 전제 및 숫염소의 속죄 제물

속죄일에 대한 자세한 규례는 레위기 16장, 23장26-32절을 참고 바랍니다.

3. 초막절 절기의 제사에 관하여 살펴봅시다(12-16절).

7월15일부터 8일간 초막절 절기가 지켜졌습니다. 첫째 날과 마지막 날 제 팔일은 성회로 모여졌습니다. 첫째 날에 드려진 제물로는 수송아지 13 마리와 수양 2 마리와 일 년 된 수양 14 마리를 다 흠 없는 것으로 드렸으며 소제와 전제는 규례를 따라 드렸습니다. 또 숫염소 하나를 속죄제로 드리되 상번제와 그에 따른 소제와 전제 외에 추가적으로 드렸습니다.

4. 초막절 절기 기간 동안에 드려진 제물에 관하여 살펴봅시다(17-38절).

절기의 7일 동안 드려진 제물은 마지막 일곱째 날에 이르러 절정에 이르며 제8일에는 새로운 마음으로 간단한 제물이 드려졌습니다. 첫째 날에 드려진 수송아지 13마리는 다음날부터 한 마리씩 줄어 마지막 일곱째 날에 이르러는 완전수인 7마리를 드려지게 되었습니다. 수송아지를 제외한 다른 제물들은 동일하게 드려졌으며 그 총수는 여덟째 날에

수송하지 1 마리와 숫양 1 마리와 일 년 되고 흠 없는 숫양 7 마리를 합하여 상번제 어린 양 16마리 외에 수송아지 71마리, 수양 15마리, 어린 양 105마리, 수염소 8마리 등 215마리의 제물이 드려졌습니다. 이렇게 많은 제물이 드려진 초막절은 그리스도의 재림으로 인해 성취되어질 구원과 천국잔치를 예표하는 것입니다.

5. 앞선 절기들의 제물과 서원제나 낙헌제의 제물과의 차이는 무엇입니까?(39절)

앞선 절기들의 제물은 한 개인이나 가족이 드려지는 사적인 제사가 아닌 이스라엘 전체의 공적인 제사입니다. 따라서 개인적이며 사적인 제사는 절기와 상관없이 드려질 수 있었으며 절기 때라고 반드시 드려진 바도 아니었습니다. 그러나 이스라엘 전체가 드려야 할 공적인 제사는 반드시 정한 기간에 드려져야 했습니다.

6. 28장과 29장의 각 절기 때마다 드려진 희생제물에 관하여 정리하여 봅시다.

절기		번제물			속죄제물	비고
		수송아지	수양	어린양	숫염소	
매일				2		상번제
안식일				2(4)		상번제 + 안식일
월삭		2	1	7(9)	1	상번제 + 월삭
무교절		2	1	7(9)	1	상번제 + 무교절 (매일 동일하게 드림)
칠칠절		2	1	7(9)	1	상번제 + 칠칠절
나팔절		1(3)	1(2)	7(16)	1(2)	상번제 + 월삭 + 나팔절
속죄일		1	1(3)	7(9)	1(2)	상번제 + 속죄일(대제사장과 백성을 위한) + 속죄일
초막절	첫째날	13	2	14(16)	1	상번제 + 초막절
	둘째날	12	2	14(16)	1	
	셋째날	11	2	14(16)	1	
	넷째날	10	2	14(16)	1	
	다섯째날	9	2	14(16)	1	
	여섯째 날	8	2	14(16)	1	
	일곱째 날	7	2	14(16)	1	
	여덟째 날	1	1	7(9)	1	

01 7월 절기들의 중요성을 나누어 봅시다.

02 제사의 제물에 관하여 살피며 그 교훈에 관하여 나누어 봅시다.

03 공적인 제사와 사적인 제사에 관하여 구분하여 봅시다. 나의 공적인 예배와
    사적인 예배에 관하여 나누어 봅시다.

되새김

화목제(서원제, 낙헌제)와 달리 28-29장의 제사는 모두 공식적인 제사로서 개
인의 사적인 제사들과 구분됩니다. 이는 개인의 신앙 이전에 그 개인적인 신앙
이 있게 하신 하나님께서 예수 그리스도를 통하여 우리들 가운데 행하신 일들을
기억케 하시기 위함인 것입니다. 따라서 각 절기를 행할 때마다 그 안에 담겨진
예수 그리스도를 발견할 때에 우리들의 감사와 기쁨이 더욱 넘치는 것입니다.

PART

30

여자의 서원
30장1~16절

Key Point

사회적인 약자로서 여자의 서원에 대한 규례를 본 장에서는 목적으로 하지 않습니다. 이미 앞선 절기들의 규례들의 절정으로서 초막절은 예수 그리스도의 재림과 천국잔치를 예표하며 더 나아가 여자의 유년기와 결혼 한 후의 남편과의 관계에서 서원에 대한 본 규정은 이스라엘과 하나님, 더 나아가 교회와 하나님과의 관계 속에서 살피는 것입니다. 성도는 하나님의 말씀에 순종할 뿐만 아니라 헌신된 자가 되어야 할 것입니다.

28-29장이 보다 공적인 예배에 관하여 다룬다면 30장의 서원에 관련된 말씀은 개인적인 예배에 대해서 교훈합니다[20].제사장이 중심이 된 공적인 의무가 있듯이 개인이 지켜야 할 의무가 있는 것입니다. 28-29장의 의무가 규정된 의무라면 30장의 의무는 자원된 의무입니다.

26장의 두 번째 인구조사 후의 말씀들은 새로운 세대에게 주시는 교훈의 말씀임을 놓지 말아야 합니다. 새로운 세대는 슬로브핫의 여인처럼 구하여야 할 것이며(27장), 예배하며(28-29장), 헌신된 자들이어야 할 것입니다(30장).

■ 민수기 30장의 구조적 이해
  민 30:1-2: 서원의 이행 촉구
  민 30:3-5: 결혼하지 않은 여자의 서원
  민 30:6-8: 서원한 여자가 결혼한 경우
  민 30:9: 과부와 이혼 당한 여자의 서원
  민 30:10-15: 결혼한 여자의 서원

---

20) 왕대일, 『대한기독교서회 창립 100주년 기념 성서주석: 민수기』, 629쪽.

민 30:16: 맺음말

1. 서원에 관한 하나님의 기본적인 전제는 무엇입니까?(1-2절)

사람이 하나님께 서원하였거나 결심하고 서약하였으면 깨뜨리지 말고 그 입으로 말한 대로 다 이행하여야 합니다. 우리들을 향하여 그 말씀에 신실하신 하나님께서는 우리들의 하나님께 향한 서원을 해로울지라도 그 서원대로 행하는 것을 기뻐하십니다.

"네 하나님 여호와께 서원하거든 갚기를 더디하지 말라 네 하나님 여호와께서 반드시 그것을 네게 요구하시리니 더디면 그것이 네게 죄가 될 것이라 네가 서원하지 아니하였으면 무죄하리라 그러나 네 입으로 말한 것은 그대로 실행하도록 유의하라 무릇 자원한 예물은 네 하나님 여호와께 네가 서원하여 입으로 언약한 대로 행할지니라"(신 23:21-23)

2. 여자의 결혼 전의 서원에 관한 규례를 살펴봅시다(3-5절).

여자가 결혼 전에는 그 아버지의 권위 밑에 있으므로 그가 설상 서원을 하였다고 하더라도 가정에서 하나님의 대리자의 역할을 감당하는 그 아버지가 허락지 아니하면 그 서원을 이행하지 아니하더라도 하나님 앞에 죄가 되지 않았습니다. 그러나 그 아버지가 그 말을 듣고도 그에게 아무 말이 없으면 그 모든 서원을 행하며 그 결심한 서약을 지켜야 합니다.

3. 서원을 이행하지 못한 채 결혼한 여자의 서원에 관한 규례를 살펴봅시다(6-8절).

그 아버지 밑에서 서원을 행할 것을 허락하였다고 할지라도 여자가 결혼하면 이제 여자는 아버지가 아닌 남편의 권위 밑에 있게 됩니다. 여자는 결혼 전에 아버지의 권위 아래 있는 바와 같이 이제 결혼한 이후에는 남편의 권위 아래에 있게 됩니다. 그가 설상 서원을 하였다고 하더라도 가정에서 하나님의 대리자의 역할을 감당하는 그 남편이 허락지 아니하면 그 서원을 이행하지 아니하더라도 하나님 앞에 죄가 되지 않습니다. 그러나 그 남편이 그 말을 듣고도 그에게 아무 말이 없으면 그 모든 서원을 행하며 그 결심한 서약을 지켜야 합니다.

4. 과부나 이혼당한 여자의 서원에 대한 규례를 살펴봅시다(9절).

과부나 이혼 당한 여자는 어떠한 자신의 문제를 해결할 권위자가 없으므로 스스로의 서원에 관해서 스스로 책임을 져야 했습니다. 그들은 서원이나 결심한 서약을 지켜야 합니다.

5. 결혼한 부녀의 서원에 관한 규례를 살펴봅시다(10-12절).

6-8절과 다른 것은 이 단락은 결혼한 이후에 서원한 부녀에 관한 규례입니다. 결혼한 아내는 남편의 권위 밑에 있으므로 그가 설상 서원을 하였다고 하더라도 가정에서 하나님의 대리자의 역할을 감당하는 그 남편이 허락지 아니하면 그 서원을 이행하지 아니하더라도 하나님 앞에 죄가 되지 않았습니다. 그러나 그 남편이 그 말을 듣고도 그에게

아무 말이 없으면 그 모든 서원을 행하며 그 결심한 서약을 지켜야 합니다.

6. 아내의 서원에 대한 남편의 권리와 책임에 관하여 살펴봅시다(13-15절).

　모든 서원과 마음을 자제하기로 한 모든 서약은 그의 남편이 그것을 지키게도 할 수 있고 무효하게도 할 수 있습니다. 그의 남편이 여러 날이 지나도록 말이 없으면 아내의 서원과 스스로 결심한 일을 지키게 하나 그 남편이 들은 지 얼마 후에 그것을 무효하게 하면 아내와 하나님 사이의 서원에 대한 결정권을 가진 자로서 의무를 다하지 못하여 아내로 그 서원을 행치 않는 죄를 짓게 하였으므로 남편이 그 죄를 담당하게 됩니다.

01 가정에 있어 아버지와 남편의 권위에 대한 예를 들어봅시다.

02 가정에 아버지와 남편의 권위의 근거와 의무와 책임은 각각 무엇입니까?

03 여자의 서원에 관한 규례의 영적인 의미는 무엇입니까?

되새김

교회는 하나님의 자녀로서 그의 권위 밑에 있으며 장차 예수 그리스도와의 어린 양 혼인 잔치에 의해서 신랑이 되신 예수 그리스도의 권위 밑에 있게 됩니다. 서원에 대한 규정은 단지 가정의 질서를 세우시는 하나님의 의도를 넘어 이러한 구속사적인 축복의 언약을 밝히시는 것입니다.

PART

31

미디안 정복
31장1~54절

Key Point

가나안 땅에 들어가서 지켜야 할 규례에 대한 계시는 끝이 나고(27-30장) 본격적인 가나안 정복이 이루어지기 시작합니다. 미디안 정복은 그 서막으로서 싯딤에서 이스라엘을 넘어지게 하였던 원수들에 대한 진멸이 이루어집니다. 큰 전쟁임에도 불구하고 단 한 사람의 희생자도 없었음은 이 전쟁은 하나님께 속하였으며 이 전쟁이 하나님의 역사와 보호하심 가운데 있었음을 깨닫게 해 줍니다.

본문 이해

26장의 인구 조사 이후에 새로운 세대에 대한 말씀들은 슬로브핫의 딸들의 구함(27장), 제사의 규례(28-29장), 여자의 서원(30장), 미디안과의 전쟁(31장), 요단 동편의 기업(32장), 애굽에서 모압까지의 광야 여정(33장), 요단 서편의 기업(34장), 레위인의 성읍(35장), 여성 상속법(36장)의 말씀으로 이루어져 있습니다. 각각의 개별적인 주제들을 살펴봄과 함께 이러한 말씀들을 통해서 새로운 세대가 새겨야 할 말씀의 지침을 얻을 수 있어야 합니다.

미디안에 대한 전쟁은 이미 민수기 25장16-18절에서 선포되었습니다. 그들은 이스라엘을 음행케 하는 데에 가담하였기 때문입니다. 더욱이 미디안 정복에 대한 명령은 모세에게 주어진 마지막 명령이었습니다(민 31:2). 미디안 정복은 새로운 세대가 끊어야 할 바를 알게 합니다. 출애굽한 이스라엘이 애굽에서 떠났듯이 믿음의 사람들은 모든 유혹을 끊을 수 있어야 합니다. 앞서 하나님께서는 범죄한 이스라엘을 심판하셨습니다(민 25장). 이제 하나님의 징계는 자기 백성들의 징계를 넘어 악한 자에게까지 이르게 됩니다. 이스라엘의 가나안 점령의 과정은 이스라엘에게 주신 기업을 알게 하며 또한 하나님의 심판이 되는 것입니다(창 15:16).

1. 모세에게 향한 하나님의 마지막 명령은 무엇입니까?(1-2절)

이스라엘 자손의 원수를 미디안에게 갚는 일은 모세에게 주어진 마지막 명령이었습니다. 하나님께서는 그 후에야 모세가 그 조상에게로 돌아갈 것을 말씀하셨습니다.

2. 미디안과의 싸움을 위한 준비를 살펴봅시다(3-6절).

미디안과의 전투에는 각 지파에서 1천명씩 총 1만2천명이 소집되었으며 제사장 엘르아살의 아들 비느하스에게 성소의 기구와 신호 나팔을 들려서 그들과 함께 싸움에 보내졌습니다.

3. 미디안과 정벌의 결과를 살펴봅시다(7-12절).

이스라엘 군대는 미디안을 쳐서 그 남자를 다 죽이고 그 외에 미디안의 다섯 왕 에위, 레겜, 수르, 후르, 레바와 또 브올의 아들 발람을 칼로 죽였습니다. 미디안의 부녀들과 그 아이들은 사로잡고 그 가축과 양떼와 재물은 탈취하였으며 그 성읍들과 촌락들은 다 불사르고 탈취한 것,

노략한 것, 사람과 짐승을 다 빼앗았습니다. 그들은 여리고 맞은편 요단강 가 모압 평지의 진영에 있는 모세와 제사장 엘르아살과 이스라엘 자손의 회중에게로 돌아왔습니다.

4. 모세의 노함과 미디안의 재섬멸을 살펴봅시다(13-18절).

모세는 이스라엘의 군대가 발람의 꾀를 좇아 이스라엘 자손으로 브올의 사건에 여호와 앞에 범죄케 했던 여자들을 살린 것에 대하여 노하였습니다. 그러므로 명하기를 아이들 중에 남자는 다 죽이고 남자와 동침하여 사내를 안 여자는 다 죽이고 남자와 동침하지 아니하여 사내를 알지 못하는 여자들은 이스라엘를 위하여 살려두라 하였습니다.

5. 이스라엘 군사들과 포로들에 대한 정결의식을 살펴봅시다(19-24절).

살인자나 시체로 인하여 부정케 된 자들은 민수기 19장11-13절의 정결법에 따라 진 밖에서 7일 동안 주둔하여야 했습니다. 그들은 3일과 7일에 몸을 깨끗케 하여야 했으며 포로들도 깨끗케 하여야 했습니다. 사람 뿐만 아니라 모든 기구들도 정결케 하되 이 정결법은 민수기 19장에 따른 것입니다. 금, 은, 동, 철과 주석과 납 등의 불에 견딜 만한 모든 물건은 불을 지나게 하여 깨끗하다할지라도 정결하게 하는 물로 그것을 깨끗하게 할 것이며 불에 견디지 못할 모든 것은 물을 지나게 하였습니다. 정결케 하는 물은 암송아지를 태운 재를 흐르는 물에 넣어 만든 것으로 모든 것은 피로써 정결하게 됨을 예표하는 것입니다(히 9:22).

6. 전리품의 분배에 관하여 살펴봅시다(25-31절).

  전리품의 반은 군인들에게, 반은 회중에게 주되 군인들은 그 절반의 전리품의 1/500은 하나님께 거제로 제사장 엘르아살에게 주고 회중은 그 절반의 1/50을 취하여 성막을 맡은 레위인에게 주었습니다.

7. 전리품의 총계 및 분배된 내역을 정리하여 봅시다(32-47절).

전리품	총 전리품	군인들의 몫	회중의 몫	제사장 몫	레위인 몫
양	675,000	337,500	337,500	675	6,750
소	72,000	36,000	36,000	72	720
나귀	61,000	30,500	30,500	61	610
여자	32,000	16,000	16,000	32	320

8. 군대 지휘관들의 자원예물에 관하여 살펴봅시다(48-54절).

  정결한 여자들의 수(32,000)는 당시의 미디안 부족을 약 15만 명으로, 군사 3만5천 정도로 추측할 수 있습니다(Keil). 그럼에도 불구하고 단 한 사람의 희생자도 없음을 알게 된 천부장 백부장 곧 군대장관들은 감사하여 참전한 군사들이 개인적으로 탈취한 금으로 만든 모든 패물을 자신들의 생명을 보호해 주신 하나님께 속전을 드려 감사하였습니다. 천부장과 백부장들이 여호와께 드린 거제의 금의 도합이 16750세겔이었습니다. 이에 모세와 제사장 엘르아살이 군대장관들에게서 금을 취하여 회막에 들여서 하나님 앞에 이스라엘 자손의 기념을 삼았습니다.

묵상

01 미디안 섬멸이 주는 교훈은 무엇입니까?

02 미디안의 재섬멸이 주는 교훈은 무엇입니까?

03 군대장관들이 드린 예물이 주는 교훈은 무엇입니까?

되새김

유혹에 의해서 넘어진 자들에 대한 심판은 불가피하나 넘어지게 하는 자들의 심판은 더욱 가혹한 것입니다. 하나님께서는 이스라엘의 가나안 정복에 앞서 그 서막으로서 미디안을 정복케 합니다. 그들은 광야 40년의 마지막 광야의 유영지에서 이스라엘을 넘어지게 한 자들로 그에 대한 정복 사명은 여호수아가 아닌 모세에게 주어진 것입니다. 비록 이스라엘은 미디안에 의해서 넘어졌으나 하나님께서는 그들로 다시 정결케 하셨으며 그 원수된 미디안을 섬멸케 하고 그 탈취물을 얻게 하신 것입니다.

요단 동편 땅의 분배
32장 1~41절

Key Point

32장은 르우벤 지파와 갓 지파의 요단 동편에 대한 기업의 요구와 이에 대한 조건과 약속에 관한 말씀입니다. 비록 르우벤 지파와 갓 지파 더 나아가 므낫세 반 지파가 요단 동편을 기업으로 얻었으나 그 땅은 본래적으로 하나님의 언약의 땅이 아니었음을 기억하여야합니다. 하나님의 언약이 없었던 곳은 눈에 보이기에 아무리 좋다 할지라도 미래적인 약속이 없는 것입니다. 특별히 더 나아가 르우벤 지파와 갓 지파의 요구 속에서 우리는 공동체 의식이란 무엇인가를 배우게 됩니다.

본문 이해

　민수기 32장은 요단 동편 땅에 대한 르우벤 지파와 갓 지파의 요구에 대한 말씀입니다. 민수기 27장의 슬로브핫의 딸들의 요구와 같은 맥락에서 르우벤 지파와 갓 지파의 요구를 긍정적으로 평가하는 견해[21]가 있기는 하나 보다 넓은 안목에서 이들의 요구는 긍정적으로 평가하기가 어렵습니다. 슬로브핫의 딸들의 요구는 하나님 자신에 의해서 수락되었으나, 두 지파의 요구는 하나님 자신에 의해서 명확하게 허락되지는 않았습니다. 르우벤 지파와 갓 지파, 므낫세 반 지파가 차지한 요단 동편은 기름진 땅과 좋은 목초지로 잠시 하나님의 축복으로 여겨졌으나 도리어 그러한 장점으로 말미암아 열강으로부터 많은 환난을 겪게 됩니다(삿 11장, 삼상 11:1, 왕상 22:1-4, 왕하 8:28). 이들의 요구는 약속된 기업을 향한 형제들의 싸움에 분열을 가지고 올 우려가 있었으며 비록 이들은 이들의 요구를 얻기 위해서 최선의 노력을 다하였음에도 불구하고 같은 요단 온 들을 바라보았던 롯의 시야와 크게 다르지 않았습니다(창 13:10).

---

21) 정중호, 『민수기 Ⅱ』, 358쪽.

믿음은 영원한 것을 사모하는 것입니다. 믿음은 약속을 사모하는 것입니다. 믿음은 때때로 눈에 보이는 여러 아름다운 것에 의해서 판단을 받기는 하나 이는 믿음의 시련일 뿐입니다. 모든 어려운 여건과 환경에도 불구하고 하나님의 약속이 있는 곳이 참된 축복의 장소이며, 눈에 보이기에 아무리 아름답고 좋다고 할지라도 하나님의 약속이 없는 곳은 내일의 안녕이 보장되지 않는 위험한 선택일 뿐입니다.

■ 민수기 32장의 구조적 이해

민 32:1-5: 르우벤과 갓 지파의 요단 동편 요구

민 32:6-15: 모세의 책망과 거절

민 32:16-19: 르우벤과 갓 지파의 약속

민 32:20-24: 모세의 허락

민 32:25-27: 르우벤과 갓 지파의 서약

민 32:28-32: 모세의 선언

민 32:33-42: 요단 동편의 분배

1. 땅에 관한 르우벤과 갓 지파의 요청은 무엇입니까?(1-5절)

심히 많은 가축의 떼가 있었던 르우벤 지파와 갓 지파는 야셀 땅과 길르앗 땅이 가축에 적당한 곳임을 보고 구하기를 요단 동편의 땅을 그들의 산업으로 주어 그들로 요단을 건너지 않게 하기를 구하였습니다.

2. 모세의 책망을 살펴봅시다(6-15절).

모세는 르우벤과 갓 지파의 요구에 노하였습니다. 그들의 열조가 가데스 바네아에서의 가나안 땅을 정탐하였으나 오히려 이스라엘 백성들을 낙심케 하여서 그들로 하나님께서 그들에게 주신 땅에 들어가지 못하고 이스라엘은 40년 동안 광야에서 방황하였으며 구세대들은 여호수아와 갈렙을 제외하고 모두 광야에서 소멸되었음을 모세는 상기시키며 책망하였습니다. 르우벤 지파와 갓 지파가 요단 동편에 머물겠다는 것은 이스라엘로 낙심케 하여 그들로 하나님을 떠나게 하며 결과적으로 르우벤 지파와 갓 지파가 온 이스라엘로 멸망시키는 것과 같은 것입니다.

3. 르우벤 지파와 갓 지파의 약속은 무엇입니까?(16-19절)

르우벤 지파와 갓 지파는 약속하기를 자신들은 요단 동편에 가축을 위하여 우리를 짓고 어린 아이들을 위하여 성읍을 건축하고 그 땅 원주민이 있으므로 아이들을 그 견고한 성읍에 거하게 한 후에 무장하기를 이스라엘 자손을 그 곳으로 인도하기까지 그들의 앞에 행하고 이스라엘 자손이 각기 기업을 얻기까지 자신들의 집으로 돌아오지 않겠다고 말하였습니다. 또한 자신들은 요단 동편에서 기업을 얻었으니 요단 서편 곧 가나안 땅에서는 기업을 얻지 아니할 것을 약속하였습니다.

4. 모세의 허락에 관하여 살펴봅시다(20-27절).

모세는 르우벤 지파와 갓 지파가 스스로 말한대로 지키는 것을 조건으로 그들의 요구를 응하였습니다. 그러나 만일 그들이 말한 바와 같이 행치 않을 때에는 그들의 죄가 그들을 찾을 것이라고 엄히 경계하였습니다. 갓 자손과 르우벤 자손은 모세에게 대답하기를

"주의 종들인 우리는 우리 주의 명령대로 행할 것이라 우리의 어린 아이들과 아내와 양 떼와 모든 가축은 이곳 길르앗 성읍들에 두고 종들은 우리 주의 말씀대로 무장하고 여호와 앞에서 다 건너가서 싸우리이다"(25-27절)

라 하였습니다.

5. 회중 앞에서의 모세의 선언을 살펴봅시다(28-32절).

모세는 르우벤 지파와 갓 지파의 요구와 그 약속됨을 회중들 앞에서 공식적으로 선언하였습니다. 그러나 모세는 말하기를 만일 두 지파가 정복 전쟁에 참여하지 않는다면 그 기업을 동편이 아닌 서편에서 얻게 하여 민족의 분열을 막게 하였습니다. 이에 르우벤 지파와 갓 지파는 반드시 그들의 약속을 지킬 것을 맹약하였습니다.

6. 갓 지파의 성읍을 살펴봅시다(33-36절).

모세는 갓 자손과 르우벤 자손과 요셉의 아들 므낫세 반 지파에게 아모리인의 왕 시혼의 국토와 바산 왕 옥의 국토를 주되 그 나라와 그 경내 성읍들과 그 성읍들의 사면 땅을 그들에게 주었습니다. 이 중에 갓

자손의 성읍은 디본과 아다롯과 아로엘과 아다롯소반과 야셀과 욥브하와 벧니므라와 벧하란입니다.

7. 르우벤 지파의 성읍을 살펴봅시다(37-38절).

르우벤은 헤스본과 엘르알레와 기랴다임과 느보와 바알므온을 건축하고 그 이름을 고쳤습니다. 바알므온은 이방인의 우상의 이름으로 붙여진 이름을 고침으로 그들의 신앙심을 나타냈으나 현재로서는 그 고쳐진 이름을 알 수 없고 다시 옛 이름이 복원된 듯 합니다. 또한 르우벤 지파는 십마를 건축하고 건축한 성읍들에 새 이름을 주었습니다.

8. 므낫세 반 지파의 성읍을 살펴봅시다(39-42절).

지금까지 므낫세 지파에 관한 말씀이 없었음에도 불구하고 이들이 요단의 동편에 기업을 얻은 것은 이들의 공적으로 말미암은 것으로 보입니다. 곧 므낫세의 아들 마길의 자손은 가서 길르앗을 쳐서 취하고 거기 있는 아모리인을 쫓아내매 모세가 길르앗을 므낫세의 아들 마길에게 주매 그가 거기 거하였으며 므낫세의 아들 야일은 가서 그 촌락들을 취하고 하봇야일이라 칭하였으며 노바는 가서 그낫과 그 향촌을 취하고 자기 이름을 따서 노바라 칭하였습니다.

므낫세의 아들 마길에게 있었던 딸은 유다 지파의 헤스론과 결혼하여 스굽을 낳았고 이 스굽의 아들이 바로 야일입니다(대상 2:21-24). 따라서 야일이 아버지쪽이 아닌 어머니 쪽의 지파에 따른 것은 마길의 딸이 아버지로부터 많은 재산을 상속받았고 이러한 여자 상속 규례에 근거한 것으로 보입니다. 상속받은 여자는 자신의 동족에게만 시집을 갈 수 있었으나 특별한 예외적인 결혼이 성사되어 남자가 여자의 지파로 귀속된 것으로 볼 수 있습니다.

묵상

01 르우벤과 갓 지파가 가진 눈과 아브라함의 조카 롯이 가진 눈을 비교하여 봅시다.

02 요단 동편의 역사를 살펴봅시다.

03 공동체를 낙심케 하는 죄에 관하여 생각하여 봅시다.

되새김

우리의 이기적인 요구와 욕심이 결국 때때로 공동체로 하여금 낙심케 하고 분열 시키는 죄를 범할 수 있는 것입니다. 롯의 세상적인 안목의 결과가 어떠했는가를 기억하며 동일한 반복이 르우벤 지파와 갓 지파에 의해서 이루어지는 것을 살필 수 있습니다. 우리가 세상 속에서 배워야 할 것은 세상의 무엇을 취하는 것에 있 지 않고 믿음의 눈을 가지는 훈련됨입니다.

PART

33

애굽에서 모압 평지까지
33장1~49절

Key Point

민수기 33장은 이스라엘의 40년의 여정지를 정리합니다. 하나님께서는 이 여정지를 통해서 하나님의 권능과 그 사랑의 인도하심을 보이십니다. 불신과 거역함이 있었지만 그러한 인간적인 불신과 연약함으로 하나님의 인도하심을 막을 수는 없었습니다. 우리는 본 과를 살피며 이스라엘을 향한 하나님의 권능과 구원하심 가운데 나타난 하나님의 인도하심을 우리들의 삶 속에서 고백해야 할 것입니다.

본문 이해

　민수기 33장은 애굽에서 모압 땅까지의 여정지를 정리합니다. 출발지인 라암셋과 도착지인 모압 평지를 제외하면 40처가 됩니다. 이스라엘은 40년간 40처를 다닌 것입니다. 13절의 돕가와 알루스를 제외한 애굽에서 시내산까지의 여정은 출애굽기 12장37절-19장2절에 나타나며 신명기 1장6절에서 3장29절에서는 시내산에서 모압 평지까지의 여정지가 내용 중심으로 기록되어 있습니다[22].

　애굽에서 모압 평지까지의 여정지는 새로운 세대에게 하나님의 인도하심을 알게 하십니다. 하나님의 인도하심을 기억하는 자만이 하나님의 인도하심을 계속적으로 붙들 수 있습니다. 어제의 인도하심을 깨닫지 못하는 자는 오늘의 인도하심을 위한 간구를 할 수 없는 것입니다.

■ 민수기 33장의 구조적 이해
　민 33:1-2: 머리말
　민 33:3-15: 애굽에서 시내 광야까지
　민 33:16-37: 시내 광야에서 호르산까지

---

22) 이상근, 『민수기 하』(서울: 성등사, 1995), 116쪽.

민 33:38-39: 아론의 죽음

민 33:40: 가나안 사람 아랏 왕이 이스라엘이 온다는 소식을 들음

민 33:41-49: 호르산에서 모압 평지까지

1. 모세가 그 여정을 기록한 이유는 무엇입니까?(1-2절)

모세는 하나님의 명하신 대로 그 노정을 따라 그 행진한 것을 기록하였습니다. 이 여정을 기록함으로 말미암아 그들로 가나안 땅으로 인도하신 하나님을 기억하게 하시는 것입니다. 더 나아가 이러한 기록은 한 민족 이스라엘뿐만 아니라 그를 섬기는 모든 교회와 백성들로 하여금 우리들의 삶을 인도하시는 하나님의 사랑과 그 인도하심을 깨닫게 해 주시는 것입니다.

2. 출애굽의 정확한 시간과 장소를 살펴봅시다(3절).

출애굽의 시간은 정월 15일 곧 유월절 다음날이며 그 출발지는 라암셋입니다.

3. 출애굽은 누구의 목전에서 무엇으로 말미암아 이루어졌습니까?(3절)

광야의 여정을 기술함에 있어 먼저 출애굽의 시작을 장엄하게 되새기고 있습니다. 출애굽은 애굽 모든 사람의 목전에서 큰 권능으로 말미암아 이루어졌습니다. 출애굽은 소외 받은 노예들의 대 탈출이 아닌 애굽 모든 사람들의 보는 앞에서 하나님의 권능으로 말미암아 이루어진 것입니다. 이로써 다시 한 번 말씀은 모든 삶에 있어 구원의 참된 주체

는 바로 우리 하나님이신 것을 밝히십니다.

4. 애굽 재앙의 추가적인 의미는 무엇입니까?(4절)

애굽의 재앙은 애굽인들만을 향한 것이 아니라 그들이 섬기는 신들에게까지 심판을 하심으로 모든 신 위에 뛰어나며 유일신인 하나님을 선포하시는 것입니다.

5. 애굽에서 시내광야까지의 여정을 살펴봅시다(5-15절).

라암셋-숙곳-에담-믹돌-마라-엘림-홍해 가-신 광야-돕가-알루스-르비딤-시내광야

라암셋을 출발한 것은 1월15일이며

믹돌에서 진친 후에 하히롯 앞에서 발행하여 홍해 바다를 지났으며

엘림에는 샘물 12과 종려 70주가 있었으며

르비딤에서는 백성의 마실 물이 없었으며

시내산에 있는 시내광야에 이른 것은 그 해 3월15일 곧 만 2개월만에 이스라엘은 애굽에서 시내광야에 이른 것입니다.

6. 시내 광야에서 릿마까지의 여정을 살펴봅시다(16-18절).

시내광야-기브롯핫다아와-하세롯-릿마

이스라엘은 출애굽 2년20일에 시내산에서 출발합니다.

하세롯을 떠나 바란광야에 진을 쳤다는 기록과 바로 이어진 가데스의 정탐꾼 사건은 릿마가 처음 가데스 지명으로 이해할 수 있습니다.

7. 릿마로부터 호르산까지의 여정을 살펴봅시다(19-36절).

릿마-림몬베레스-립나-릿사-그헬라다-세벨 산-하라다-막헬롯-다핫-데라-밋가-하스모나-모세롯-브네야아간-홀하깃갓-욧바다-아브로나-에시온게벨-가데스-호르산

호르산 이전의 가데스는 두 번째 가데스를 의미합니다.

8. 아론의 죽음과 아랏 왕에 관한 기사를 살펴봅시다(38-40절).

이스라엘의 광야 여정에 대한 기술에서 호르산까지의 여정을 마친 후에 두 가지 이야기를 전합니다. 첫 번째는 아론의 죽음에 관한 것으로 아론은 이스라엘 자손이 애굽 땅에서 나온 지 40년 5월1일에 하나님의 명으로 호르 산에 올라 거기서 죽었습니다(참고: 신 10:6). 아론이 호르산에서 죽던 때에 나이 123세였습니다.

두 번째는 가나안 땅 남방에 거한 가나안 사람 아랏 왕이 이스라엘의 옴을 들었다는 이야기입니다.

9. 호르산에서 모압평지까지의 여정을 살펴봅시다(41-49절).

호르산-살모나-부논-오봇-이예아바림-디본갓-알몬디블라다임-아

바림 산-모압평지

  여리고 맞은편 요단 가 모압 평지의 진은 벧여시못에서부터 아벨싯
딤에 미쳤습니다.

묵상

01 광야의 여정 중에 이스라엘의 불신앙의 여정지를 살펴봅시다.

02 광야의 여정 중에 하나님의 축복과 긍휼하심의 여정지를 살펴봅시다.

03 이스라엘의 광야 여정지를 기록하게 하신 하나님 앞에 우리가 기록하게 될
    자신의 여정지에 관하여 나누어봅시다.

되새김

우리들의 삶의 여정지는 분명히 하나님이 인도하심 가운데 있습니다. 비록 이
스라엘 가운데 많은 불평과 원망이 있었지만 그들이 정착한 모든 곳은 하나님
의 인도하심 가운데 있었습니다. 하나님께서 우리들의 삶의 인도자이심을 고백
할 때에 우리는 우리들의 삶의 여정지에서 감사와 찬양으로 넘쳐나게 하여야 할
것입니다.

PART

34

요단 서편 땅의 분배
33장50~34장29절

Key Point

본 과에서는 가나안 족속의 섬멸과 땅의 경계와 분배에 관해서 말씀하십니다. 특별히 하나님께서는 땅의 경계와 분배에 관한 말씀 전에 먼저 그들이 약속의 땅에 들어가면 반드시 가나안 족속을 몰아내어야 할 것을 명령하셨습니다. 하나님 나라의 순결함과 거룩함은 세상의 부정함과 함께 공존할 수 없는 것입니다.

34장은 약속의 땅에 대한 경계와 땅을 분배할 지도자들의 임명에 관한 말씀입니다. 요단 동편은 이미 정복하였고 그것을 분할하였으나 아직 가나안 땅은 정복되지 않았습니다. 그러나 그 경계를 보이시며 그 땅을 분배할 지도자를 임명하심으로 약속의 땅이 반드시 주어질 것을 선언하시는 것입니다. 민수기는 약속을 사모하는 우리들의 삶의 모습과 닮았습니다. 하나님께서 그리신 땅을 마음에 동일하게 그리고 그것을 취하는 것이 바로 믿음인 것입니다.

■ 민수기 33장50절-34장의 구조적 이해

민 33:50-56: 가나안 땅 점령을 명령함

민 34:1-15: 가나안 땅의 경계

민 34:16-29: 각 지파의 땅 분배 위원

1. 가나안족 섬멸 명령에 관하여 살펴봅시다(33장50-56절).

하나님께서는 이스라엘 백성들로 하여금 가나안 땅에 들어가면 그 땅 거민을 다 몰아내고 그 새긴 석상과 부어 만든 우상을 다 파멸하며 산당을 다 훼파하고 그 땅을 취하여 그 거기 거하라고 명령하셨습니다. 만일 그 땅 거민을 몰아내지 아니하면 남겨 둔 자가 눈에 가시와 옆구리에 찌르는 것이 되어 이스라엘을 괴롭힐 것이라고 말씀하셨으며 그들로 통해서 하나님께서 생각하신 것을 이스라엘 가운데 행하실 것을 말씀하셨습니다.

2. 요단 서편 땅의 분배 방식은 무엇입니까?(54절)

종족을 따라 그 땅을 제비뽑아 나누되 수가 많으면 많은 기업을 주고 적으면 적은 기업을 주되 각기 제비뽑힌 대로 그 소유가 될 것이라고 말씀하셨습니다.

3. 가나안 땅의 사방 경계를 살펴봅시다(34장1-12절).

1) 가나안 땅의 남쪽 경계를 살펴봅시다(1-5절).

이스라엘의 남쪽은 에돔 곁에 접근한 신 광야로서, 남쪽 경계는 동편으로 염해 끝에서 시작하여 돌아서 아그랍빔 언덕 남편에 이르고 또 신을 지나 가데스 바네아 남쪽에 이르고 또 하살아달을 지나 아스몬에 이르고 아스몬에서 돌아서 애굽 시내를 지나 바다까지 이릅니다.

2) 가나안 땅의 서쪽 경계를 살펴봅시다(6절)

이스라엘의 서쪽 경계는 대해가 경계가 되었습니다.

3) 가나안 땅의 북쪽 경계를 살펴봅시다(7-9절).

북쪽 경계는 대해에서부터 호르 산까지 긋고 호르 산에서 그어 하맛 어귀에 이르러 스닷에 이르고 그 경계가 또 시브론을 지나 하살에난에 이릅니다.

4) 가나안 땅의 동쪽 경계를 살펴봅시다(10-12절).

동쪽 경계는 하살에난에서 그어 스밤에 이르고 그 경계가 또 스밤에서 리블라로 내려가서 아인 동쪽에 이르고 또 내려가서 긴네렛 동쪽 해변에 이르고 그 경계가 또 요단으로 내려가서 염해에 이릅니다.

4. 하나님께서 땅의 경계를 분명히 말씀하신 이유는 무엇입니까?(13-15절)

하나님께서 땅의 경계를 말씀하신 이유는 그 땅을 이스라엘에게 분배하시기 위함이었습니다. 특별히 이 땅의 경계는 이미 요단 동편의 땅을 분배받은 르우벤 지파, 갓 지파, 므낫세 반 지파를 제외한 9지파 반에게 분배될 것입니다.

5. 각 지파의 땅 분배 위원들은 누구입니까?(16-29절)

땅을 기업으로 나눌 자는 제사장 엘르아살과 눈의 아들 여호수아였으며 기업의 땅을 나누기 위해 매 지파에서 한 지휘관씩이 택하여졌습니다.

유다 지파에서는 여분네의 아들 갈렙
시므온 지파에서는 암미훗의 아들 스므엘
베냐민 지파에서는 기슬론의 아들 엘리닷
단 지파에서는 족장 요글리의 아들 북기
므낫세 지파에서는 지휘관 에봇의 아들 한니엘
에브라임 지파에서는 지휘관 십단의 아들 그므엘

스불론 지파에서는 지휘관 바르낙의 아들 엘리사반

잇사갈 지파에서는 지휘관 앗산의 아들 발디엘

아셀 지파에서는 지휘관 슬로미의 아들 아히훗

납달리 지파에서는 지휘관 암미훗의 아들 브다헬

묵상

01   하나님께서 가나안족을 섬멸하라고 명하신 이유는 무엇입니까?

02   땅의 경계를 통해서 하나님께서 가르치시는 바는 무엇입니까?

03   땅의 분배를 제비뽑기로 행함이 주는 교훈은 무엇입니까?

되새김

땅의 경계는 땅의 진정한 주인이 하나님이심과 인생의 경계를 정하시는 하나님
에 관해서 경외케 합니다. 이미 아브라함에게 말씀하셨던 약속의 땅은 본 장에서
더욱 구체화가 되었습니다(창 15:18). 하나님께서 약속하신 땅은 이들의 경계보
다 더욱 확장된 것이었으나 이스라엘은 그들의 불순종으로 말미암아 다윗의 치
세 이전까지 이를 온전히 지키지도 넓히지도 못하였습니다. 모든 것은 그 그릇
만큼, 그리고 그 순종의 크기만큼 채워지는 것입니다.

P A R T

35

레위인의 성읍과
도피성
35장1~34절

Key Point

이스라엘 자손에게 그들의 기업에 관하여 말씀하여 주신 하나님께서는 이제 레위인들을 위한 성읍과 그 들녘에 관하여 지정해 주셨습니다. 레위인들이 누렸던 배려는 이스라엘 백성들을 대신하여 하나님을 섬기는 일을 위한 것입니다. 레위인의 성읍과 함께 언급되는 도피성에 대한 규례는 율법의 참된 완성자되신 예수 그리스도의 구속을 예표합니다.

본문 이해

민수기는 이스라엘 지파들에 관한 말씀에 이어 레위인들에 관한 말씀이 반복적으로 주어집니다[23].

내용	이스라엘 12지파	레위 지파
첫 번째 인구조사	1-2장	3-4장
정결	5장	6장
봉헌	7장	8장
두 번째 인구조사	26장1-56절	26장57-62절
분배	32, 34장	35장

이스라엘 12지파들을 위해서는 그들의 경작지가 분배되었으나 레위인들을 위해서는 경작지가 주어지지 않고 그들이 거할 성읍과 가축들을 기를 수 있는 목양지가 배정되었습니다. 레위 지파가 이스라엘 12지파에 분산되어 있음은 이들의 섬김과 사역을 통해서 이스라엘 가운데 하나님의 임재를 나타냅니다[24].

---

23) 나실인의 서원은 사역에 있어 레위 지파로 구분하였습니다.

24) 정중호, 『민수기 II』, 408쪽.

■ 민수기 35장의 구조적 이해

민 35:1-8: 레위인의 성읍과 들

민 35:9-15: 도피성

민 35:16-21: 살인자에 관한 규례

민 35:22-29: 비고의적 살인죄에 의한 보호

민 35:30-34: 살인자와 도피성에 관한 유의사항

1. 레위인의 성읍과 들을 살펴봅시다(1-8절).

레위인들에게 이스라엘이 기업으로 얻은 땅에서 살인자로 도피케 할 도피성으로 6 성읍과 그 외 42 성읍, 총 48 성읍을 주어 그들의 거처가 되게 하였습니다. 또한 성을 중앙에 두고 동서남북으로 각각 2천규빗을 측량하여 그 성읍의 들녘으로 주어 그들의 가축과 물산과 짐승들을 둘 곳이 되게 하였습니다. 이스라엘 자손의 산업에서 레위인에게 줄 때에 많이 얻은 자는 많이 취하여 주고 적게 얻은 자에게는 적게 취하여 주게 하였습니다.

2. 도피성에 관하여 살펴봅시다(9-15절).

하나님께서 도피성을 세우셔서 살인한 자로 그리로 피하게 하셨습니다. 곧 살인자가 회중 앞에 판결을 받기까지 죽지 않게 하기 위해서입니다. 6 도피성 중에 3 성읍은 가나안 땅에 두고 3 성읍은 요단 동편에 세우게 하셨습니다. 이 6 성읍은 이스라엘 자손과 타국인과 이스라엘 중에 우거하는 자의 도피성이 되어 부지중에 살인한 자가 그리로 도피할 수 있게 하였습니다.

만일 철 연장으로 사람을 쳐죽이면 그는 살인자로 반드시 죽여야 했습니다.

만일 사람을 죽일 만한 돌을 손에 들고 사람을 쳐 죽이면 이는 살인자로 반드시 죽여야 했습니다.

만일 사람을 죽일 만한 나무 연장을 손에 들고 사람을 쳐죽이면 그는 살인자로 반드시 죽여야 했습니다.

피를 보복하는 자는 살해된 자의 친족에 해당됩니다. 피를 보복하는 자는 그 살인한 자를 자신이 죽일 수 있었습니다. 이는 피를 보복하는 자가 재판 없이 보복함을 의미하는 것이 아닌 공적인 재판의 결과 살인죄로 판명될 경우에 보복하는 자에게 인도함을 받아 그로 죽일 수 있는 권한을 준 것입니다.

만일 미워하는 까닭에 밀쳐 죽이거나 기회를 엿보아 무엇을 던져 죽이거나 악의를 가지고 손으로 쳐죽이면 이는 살인자로 반드시 죽여야 했습니다.

4. 도피성에 의해 보호가 가능한 경우를 살펴봅시다(22-25절).

악의가 없이 우연히 사람을 밀치거나 기회를 엿봄이 없이 무엇을 던지거나 보지 못하고 사람을 죽일 만한 돌을 던져서 죽였을 때에는 이는 악의도 없고 해하려 한 것이 아니므로 회중이 친 자와 피를 보복하는 자 간에 규례대로 판결하여 피를 보복하는 자의 손에서 살인자를 건져 내어 그가 피하였던 도피성으로 돌려 보냈으며 그는 거룩한 기름 부음을 받은 대제사장이 죽기까지 거기 거주하였습니다.

5. 언제 보호받은 살인자가 자기의 산업으로 다시 돌아올 수 있었습니까?(25-28절)

도피성에서 피의 보복자로부터 보호받은 살인자는 거룩한 기름 부음을 받은 대제사장의 죽기까지 도피성에 있었으며 대제사장이 죽은 후에는 자기의 산업으로 돌아갈 수 있었습니다. 백성들을 대신하여 속죄 사역을 담당하는 대제사장의 죽음은 이 살인자의 죽음을 대신하는 것으로 여겨졌으며 이는 구속사적인 견지에서 우리의 죄를 대신하여 십자가에서 피흘리시고 죽으신 우리의 영원한 참된 대제사장인 예수 그리스도를 예표하는 것입니다. 살인자는 비록 대제사장의 죽음 후에 돌아올 수 있었으나 유대 관례상 그는 자신이 과거에 지녔던 모든 명예와 지위를 회복할 수 없었다고 합니다. 그러나 참된 대제사장인 예수 그리스도의 죽음은 우리들의 모든 지위를 명예를 회복케 하십니다.

6. 보호받은 살인자가 보호받지 못한 경우를 살펴봅시다(26-28절).

살인자가 도피성에서 나갔다가 피를 보수하는 자를 도피성 밖에서 만나 보수자가 그를 죽였을 때에는 보수자에게 피를 흘리는 죄가 없었습니다. 이는 살인자가 대제사장의 죽기까지 도피성에 머물러야 했기 때문입니다.

7. 살인자와 도피성의 규례에 있어 유의해야 할 사항들은 무엇입니까?(29-32절)

살인자는 증인들의 말을 따라서 죽일 것이나 한 증인의 증거만 따라서 죽이지는 말라하셨습니다.

고의로 살인죄를 범한 살인자는 생명의 속전을 받지 말고 반드시 죽이라 하셨습니다.

도피성에 피한 자를 대제사장의 죽기 전에는 속전을 받고 그의 땅으로 돌아가 거하게 하지 말라 하셨습니다.

8. 땅을 더럽히는 것은 무엇입니까?(33-34절)

피는 땅을 더럽히며 피 흘림을 받은 땅은 이를 흘리게 한 자의 피가 아니면 속할 수 없었습니다. 하나님께서는 하나님께서 거하시는 땅을 피 흘림으로 더럽히지 말라고 말씀하셨습니다.

묵상

01 하나님께서 레위인들에게 허락하신 배려는 무엇을 위한 것입니까?

02 도피성이 주는 교훈은 무엇입니까?

03 대제사장의 죽음으로부터 예수 그리스도의 죽음을 살펴봅시다.

되새김

역사적으로 도피성의 제도가 이스라엘 가운데 실행되었는지의 여부는 확실치 않습니다. 보다 중요한 것은 이 도피성의 제도가 역사 속에서 갖는 의미보다 참되게 참된 구속의 완성의 되시는 예수 그리스도 안에서 어떻게 성취되는지를 살피는 일입니다. 이 세상의 도피성은 잠시의 보호를 허락하며 그 회복도 온전한 것이 될 수 없지만 우리들의 참된 대제사장인 예수 그리스도의 죽으심으로 말미암아 우리는 모든 신분과 명예를 회복하게 되는 것입니다.

Key Point

민수기의 마지막 장인 36장은 27장의 여성 상속법에 대한 추가적인 규례이며 더 나아가 기업의 분배에 이어서 단순히 분배로 이야기를 마치는 것이 아니라 분배된 기업을 잘 보존하고 지켜야 할 책임과 의무에 관해서 가르치고 있습니다. 저마다에게는 주어진 하나님의 기업과 축복, 그 울타리가 있으며 하나님의 말씀에 대한 순종 가운데 이 기업을 잘 보존하여야 하는 것입니다.

본문 이해

36장의 말씀은 27장의 슬로브핫의 딸들의 요구와 연관되어 있습니다. 슬로브핫의 딸들에 관한 말씀이 마지막 단락인 26-36장중 인구조사(26장) 이후의 처음과 마지막을 장식하고 있음을 주목해 보아야 합니다. 27장의 슬로브핫의 딸들의 문제제기는 아들이 없는 경우 딸들의 상속권에 것입니다. 그러나 36장의 말씀은 이와 반대로 슬로브핫의 딸들의 상속권과 재산권에 대해 이의를 제기하는 것입니다. 곧 딸들이 다른 지파에 시집을 갈 경우 그들의 기업이 다른 지파로 넘어갈 수 있기 때문입니다. 이는 하나의 새로운 갈등입니다. 그러나 슬로브핫의 딸들이 이러한 갈등에 어떻게 행하는가하는 것을 보는 것은 새로운 세대가 가져야 할 지혜가 될 것입니다.

■ 민수기 36장의 구조적 이해
   민 36:1-4: 요셉 지파 길르앗 자손의 수령들의 문제제기
   민 36:5-9: 추가된 여성 상속법
   민 36:10-12: 슬로브핫 딸들의 순종
   민 36:13: 맺음말

1. 요셉 지파의 길르앗 자손의 수령들이 제기한 문제는 무엇입니까?(1-4절)

여성 상속법에 대한 27장의 내용의 연속으로서 아버지의 기업을 딸이 상속받을 경우 상속받은 딸이 다른 지파의 남자와 결혼할 경우 그 기업의 소유가 다른 지파로 가서는 안된다는 문제제기입니다.

2. 추가된 여성 상속법의 내용은 무엇입니까?(5-9절)

아버지의 기업을 물려 받은 딸들은 반드시 자기 지파 내에서만 결혼하여 하나님께서 주신 기업을 지키게 하였습니다.

3. 슬로브핫의 딸들의 순종을 살펴봅시다(10-12절).

므낫세 지파 슬로브핫의 딸들인 말라와 디르사와 호글라와 밀가와 노아는 다 그들의 숙부의 아들들의 아내가 됨으로 그 기업이 그 아버지 가족의 지파에 여전히 남게 되었습니다.

그들은 요구할 줄도 알았지만 지혜롭게 대화하고 타협할 줄도 알았습니다. 분명 그들은 자신들의 결혼의 자유에 대한 제한을 가져야 했습니다. 그러나 그들은 하나님의 뜻이 어디에 있는지를 살폈으며 개인의 자유뿐만 아니라 공동체의 화목 가운데 행할 바를 위해 지혜롭게 행하였습니다. 슬로브핫의 딸들의 문제제기와 지혜와 순종은 새로운 세대들이 살아야 할 믿음의 삶에 귀한 교훈을 남깁니다.

4. 하나님의 명령과 규례가 가르쳐진 곳은 어디입니까?(13절)

여리고 맞은편 요단 가 모압 평지

묵상

01 길르앗 자손 가족의 두령들이 문제제기에서 얻을 수 있는 교훈은 무엇입니까?

02 기업을 지키고자 하는 자의 책임이 오늘날 우리들에게 주는 교훈은 무엇입니까?

03 슬로브핫의 딸들의 순종에 관해서 살펴봅시다.

되새김

자신에게 주어진 축복이 무엇인가를 잘 헤아리며 누리는 것이 복된 것이라면 이제 축복을 받은 자는 이를 잘 보존하고 상속해야할 책임이 있습니다. 오늘날 우리는 어떠한 하나님의 축복을 바라고 또한 누리고 있는지 알아야 할 것이며 이 주어진 축복을 자손들에게까지 이어줄 수 있는 신앙인이 되어야 할 것입니다.

참고도서

- Ashley, Timothy R. The Book of Numblers. New International Commentary on the Old Testament . Grand Rapids: Eerdmans, 1993.
- Davies, E. W. Numbers NCB. Grand Rapids: Eerdmans, 1995.
- Lee, Won W. Punishment and Forgiveness in Israel's Migratory Campaign. Grand Rapids:Eerdmans, 2003.
- Milgrom, J. Number. JPS;Philadelphia/New York:Jewish Publication Society, 1990.
- Wenham, G. J. Numbers. TOTC. Leicester: Intervarsity, 1981.
- Olson, D. T. 『민수기』. 서울: 한국 장로교출판사, 2000.
- Budd, Philip J. 『WBC 성경주석:민수기』. 솔로몬, 2004.
- Machintosh, C. H. 『민수기』. 서울: 생명의 말씀사, 1999.
- Bauer, David R. 『성경 연구를 위한 손안의 서재』. 서울: 새물결플러스, 2014.
- 송병현. 『엑스포지멘터리: 민수기』. 서울: 국제제자훈련원, 2013.
- 정중호. 『민수기 Ⅰ』. 서울: 프리칭아카데미, 2008.
- 정중호. 『민수기 Ⅱ』. 서울: 프리칭아카데미, 2008.
- 김진명. 『한국장로교총회창립 100주년기념 표준주석: 민수기』. 서울: 한국장로교출판사, 2012.
- 왕대일. 『대한기독교서회 창립 100주년기념 성서주석: 민수기』. 서울: 대한기독교서회, 2007.
- 이상근. 『민수기 상』서울: 성등사, 1995.
- 이상근. 『민수기 하』서울: 성등사, 1995.

- 김서택.『민수기 강해집: 하나님의 신병 훈련소』. 서울: 솔로몬, 2009.
- 박철현.『출애굽기 산책』. 서울: 도서출판 목양, 2011.
- 김중은.『거룩한 길 다니리』 서울: 한국 성서학 연구소, 2001.
- 유동근.『가나안에 이르는 노정: 민수기 강해』.서울: 벧엘서원, 2003.

민수기

펴낸이 _ 임경묵 목사
펴낸곳 _ 도서출판 다바르

주소 _ 인천광역시 서구 승학로 506번길 78
        휴아일랜드 101동202호
전화 _ 032) 574-8291

지은이 _ 임경묵 목사
        연세대학교 신학과 졸업
        장로회신학대학교 신대원 졸업(M.Div.)
        장로회신학대학교 대학원 졸업(Th.M.)
        현) 다바르 말씀학교 원장, 주향교회 담임목사

기획 및 편집 _ 장원문화인쇄
인쇄 _ 장원문화인쇄

ISBN 979-11-970294-0-0